中部大学
ブックシリーズ
アクタ
CHUBU UNIVERSITY

英語の歴史をたどる旅

柳 朋宏 著
Yanagi Tomohiro

風媒社

はしがき

　英語の歴史は言葉の歴史である。ある世代から次の世代へ、さらに次の世代へと言葉が受け継がれる際、変化しないこともあれば、少しだけ、あるいは大きく、変化することもある。その変化の要因が何であるのか。言語そのものに原因があるかもしれないし、言語以外に原因があるかもしれない。言語以外の原因には、言語を取り巻く社会環境がある。社会環境が変われば、言語も変わる。その意味では、言語の歴史は社会の歴史といえるかもしれない。

　本書は、英語の発達に直接的あるいは間接的に影響を及ぼした歴史的出来事や歴史上の人物を取り上げ、英語の発達と社会・歴史がどのように関わっていたのかをまとめたものである。さらに、そのような社会や歴史を身近に感じてもらうため、現地で撮影した写真を掲載し、実際現地に赴くことができるよう所在地と簡単な経路も掲載した。写真は断りのない限り、筆者が現地で撮影したものである。

　また、今では英語が話されているブリテン島だが、アングロ・サクソン人が侵略する前には、ピクト人やケルト人といった別の民族が暮らしていた。アングロ・サクソン人が定住してからも、異なる民族がブリテン島にやってくる。ブリテン島が必ずしも「英語」だけの島ではないことを知ってもらうため、ブリテン島に関わりのある民族についても取り上げた。

　本書を通して、1500年にわたる英語の歴史を一部でも感じてもらえれば、幸いである。

　最後になりましたが、本書の原稿に細かく目を通してくださった中部大学語学教育プログラム（英語Ⅰ）の今村洋美先生に厚くお礼申し上げます。また、原稿提出の大幅な遅れを忍耐強く待ってくださった、中部大学出版室の坂野上元子さんと風媒社の劉永昇編集長に深く感謝申し上げます。

[目次]

はしがき　3

はじめに　6

1. 英語と英国について　7
    1.1.「イギリス」という国　7
    1.2. 言語について　14

2. 英語の時代区分　18
    2.1. 古英語の時代　19
    2.2. 中英語の時代　23
    2.3. 近代英語の時代　25
    2.4. 現代英語の時代　29

3. ゲルマン人以前のブリテン島の民族　31
    3.1. ピクト人　31
    3.2. ケルト人とオガム文字　35

4. ラテン文字以前の文字体系　37
    4.1. ルーン文字の秘密　37
    4.2. ラスウェルの十字架　41
    4.3. Bluetooth　44
    4.4. Ye Olde Cheshire Cheese　45

5. ローマ帝国による支配と衰退　46

6. キリスト教の伝来　50
 6.1. 北回りによる伝来　51

 6.2. 南回りによる伝来　56

 6.3. ウィトビー教会会議　57

7. ヴァイキング（デーン人）による襲撃　59

8. アルフレッド大王　62

9. ノルマン人によるイングランド征服　67
 9.1. ノルマン人とは　67

 9.2. エドワード王の死　69

 9.3. ヴァイキングとの長い戦い　69

 9.4. デーン王朝の誕生と衰退　72

 9.5. 王位継承者問題　74

 9.6. ノルマン王朝の成立　75

おわりにかえて：「イチイの木」から「イノシシ」へ　79

参考文献　81

はじめに

　英語はもともと、ヨーロッパ大陸の西側にあるブリテン島で話されていた言語である。英語の1500年におよぶ歴史は、他言語との競合に、時には敗北しかけながらも、勝ち抜いた結果、世界共通語としての地位を手に入れたと捉えることができる。歴史に「もしも」や「仮に」ということは起こらないが、英語の歴史の中で、もしもヴァイキングの襲撃を食い止めることができなかったとしたら、あるいは、仮にノルマン人の征服に屈することがなかったら、現在の英語は存在しなかったかもしれない。このような類の歴史的な出来事がいくつも存在する。

　本書では、英語の発達に影響を及ぼしたであろう歴史的な出来事や歴史的人物に焦点をあてている。そのような出来事や人物が、どのように英語の発達に関与しているのかを述べるだけでなく、関係のある町や建造物の写真を掲載することで、読者が少しでも想像を膨らませ、仮想体験ができるよう試みた。また、現地の住所とそこまでの行き方も（多少不親切に）掲載したので、興味を引くような場所や関心が湧いた人物が見つかれば、是非足を運んでみていただきたい。

　現地までの経路は、基本的に公共の交通機関で行けるものを選んだ。車があれば、もっと自由に行き来できる場合もあるだろうが、外国で運転することのストレスを避けるための配慮でもある。イングランドの都市についてはロンドンを出発地にし、スコットランドの都市についてはエジンバラを出発地にし、それぞれ現地までの経路と所要時間を掲載した。ただし、ロンドンには、いくつかのターミナル駅があるため、以下に挙げるターミナルのいずれかを出発駅とした。ユーロスターが発着するセント・パンクラス (St. Pancras International) 駅と、そのすぐ近くにあるキングズクロス (Kings Cross) 駅、ヒースロー空港 (Heathrow Airport) から空港アクセス列車ヒースロー・エクスプレスの到着駅であるパディントン (Paddington) 駅である。また、イングランド南東部に向かうウォータールー (Waterloo) 駅とチャリング・クロス (Charing Cross) 駅も出発駅とした。

　列車については、以前に比べれば、時間通りに運行されており、大きく変

更されることはないと思われる。一方、バスを利用する場合も多々あるが、バスの路線は列車に比べて変更が多いと思われるので、出発地と所要時間のみを掲載するにとどめた。ロンドン地下鉄 (London Underground, Tube) の沿線の場合は、最寄駅のみを示し、所要時間は省略した。公共の交通機関での移動を優先させたため、場合によっては、歩く時間が長くなる場所もあるかもしれないが、現地の景色を楽しみながら、歩いてみるのもよいのではないかと思う。

1. 英語と英国について

1.1.「イギリス」という国

　本書は、現代の英語が成立する過程において、直接的あるいは間接的に英語に影響を与えた歴史的出来事や歴史的人物について解説するものである。ここでは、その英語が話されていた（話されている）国について、簡単に述べておきたい。

　英語が話されている国と聞いて、最初に思い浮かぶのは「アメリカ」だろう。事実、巷で耳にする英語や学校で勉強する英語の大半は「アメリカ英語」である。そのアメリカの正式名称を知らない人は、あまりいないのではないかと思う。日本語では「アメリカ合衆国」、英語では The United States of America である。現在は50の州 (state) があり、その集合体が「アメリカ合衆国」である。アメリカ合衆国の国旗は「星条旗」(Star-Spangled Banner あるいは the Stars and Stripes) とよばれている。白と赤の線は合計13本で、アメリカ独立時の州の数を表し、左上にある50の星は現在の州の数を表している。かつては、線の数と星の数は、州が増える度に追加していったが、紅白の線は増えすぎると細くなりすぎるため、13本に固定された。

歴代の星条旗

アメリカ独立時の国旗

15州時の国旗　　　　　　現在の国旗

アメリカ合衆国と双璧をなす、英語が話されている、もう 1 つの国がある。「イギリス」あるいは「英国」である。アメリカ合衆国が英語の発祥地と思っている人もいるかもしれないが、英語の故郷はこの「イギリス」であり、本書の対象も「イギリス」が出発点である。イギリスで話されている「イギリス英語」のほうが、アメリカ英語よりも格調高く、古めかしいと感じるかもしれない。しかしながら、これは必ずしも正しくない。表現の中には、アメリカ英語のほうが古い形式を保っている場合もある。このような現象は、どの言語にもみられるものだろう。たとえば、日本語の「あほ・ばか」を表す語彙の分布を地図上に印をつけていくと、同心円上の広がりをみせることが知られている（「方言周圏論」という）。これは、中心都市で用いられていた表現が地方都市に伝播していく一方で、そのような表現は中心都市では「古びた」表現と認識されるようになる。その結果、新しい表現が用いられるようになり、古い表現が廃れていく。この「創発と衰退」が繰り返される間に、同心円が描かれていくのだ。

　さて、英語の話に戻ろう。一般に「イギリス」とよばれている国は、英語では England である。しかし、正確には「イギリス」という独立国は存在しておらず、より大きな国の 1 地域にすぎない。イギリスとして認識されている国は、正式な日本語名は「グレートブリテン及び北アイルランド連合王国」であり、英語名は The United Kingdom of Great Britain and Northern Ireland である。つまり、大ブリテン島とアイルランド島の北部が合わさった王国である。現在の君主は女王のエリザベス 2 世 (Elizabeth II) だが、国の名称は「女王国」(Queendom) ではなく「王国」(Kingdom) である。

　大ブリテン島（ブリテン島）は 3 つの非独立国で構成されている。イングランド (England)、スコットランド (Scotland)、ウェールズ (Wales) である。この中の「イングランド」が「イギリス」に対応する。北アイルランド (Northern Ireland) はブリテン島の西側にあるアイルランド島の北部地域である。

　英国の国旗は、正式には、ユニオン・フラッグ (the Union Flag) とよばれる。ユニオン・ジャック (the Union Jack) とよばれることもあるが、jack とは「船首旗」のことで、国旗を船首（舳先）に掲げたことに由来する。そのユニオン・フラッグは、3 つの十字が組み合わさったもので、1801 年に制定された。使用されているのは、白地に赤い十字の「聖ジョージ十字」(St. George's Cross)、

青地に白いX字型十字の「聖アンドリュー十字」(St. Andrew's Cross)、白地に赤いX字型十字の「聖パトリック十字」(St. Patrick's Cross) の3つである。これらは、英国を構成する非独立国の守護聖人 (patron saints) の聖人旗である。聖ジョージ十字はイングランド、聖アンドリュー十字はスコットランド、聖パトリック十字は北アイルランドの聖人旗である。また、それぞれの国の国旗としても用いられている。一方、ユニオン・フラッグには反映されていないが、ウェールズには「聖デイヴィッド十字」(St. David's Cross) という聖人旗がある。さらに、ウェールズには、聖人旗とは別に国旗がある。ウェールズ語で「赤い竜」(Y Ddraig Goch) とよばれており、1959年に制定された。そのため、「赤い竜」の国旗は1801年に制定されたユニオン・フラッグには反映されていない。ただし、赤い竜は少なくとも700年代からウェールズの象徴であり、地の緑色と白色は1485年から1603年までイングランドを統治していたテューダー王朝の色である。テューダー家はウェールズ発祥のウェールズ君主の末裔である。

国旗と聖人旗

ユニオン・フラッグ

イングランドの国旗

スコットランドの国旗

北アイルランドの国旗

ウェールズの国旗

ウェールズの聖人旗

英国は4つの非独立国で構成されているが、ユニオン・フラッグには3つの聖人旗しか含まれていないのはなぜかという疑問がでるだろう。それには、イングランドとの併合時期の違いという歴史的な理由が存在する。イングランドと早い段階で併合したのがウェールズである。1284年にリズラン制定法により、イングランドとウェールズが併合し、1536年のウェールズ合同法により、

イングランドとウェールズは完全に併合する。ウェールズという名は、古い時代の英語の wealas「異邦人」に由来する。これは後述するように、征服者であるアングロ・サクソン人の視点に立った表現である。一方、ウェーズル人は自国のことをウェールズ語で「カムリ」(Cymru) とよんでいる。この語は「同胞」という意味である。イングランド北西部にある「カンブリア」(Cumbria) も、ウェールズ語の Cymry（カムリ）「ウェールズ人」に由来する。カンブリアには、「水仙」(The Daffodils) で有名なウィリアム・ワーズワース (Sir William Wordsworth) の生まれ故郷や、ピーター・ラビット (Peter Rabbit) の作者ビアトリクス・ポター (Helen Beatrix Potter) の避暑地だった湖水地方 (the Lake District) がある。

　1284年にイングランドとウェールズの併合が成立するが、それ以前において既に、イングランド歴代の王はウェールズがイングランドの支配下にあると主張している。その根拠としているのは、以下の出来事である。時は、アルフレッド大王がイングランドを支配していた時代 (871-899) のことである。ウェールズ人の国グウィネズ (Gwynedd) のアナラウド王 (Anarawd) がアングルシー (Anglesey) でヴァイキングの攻撃と、隣国マーシア (Mercia) の攻撃を阻止した。その後、同じくヴァイキングの攻撃を受けていたアルフレッド大王の元に行き、同盟を結ぶことになる。その同盟により、アルフレッド大王はアナラウド王に、多くの贈り物と数名の兵士を贈った。この行いによって、アナラウド王はアルフレッド大王を自らの大君主だと認めてしまったのである。それ以来、歴代のイングランド王はウェールズを支配していると考えていた。

　ウェールズのつぎにイングランドと併合したのはスコットランドである。1603年、当時の女王エリザベス1世 (Elizabeth I) の死後、女王に子供がいなかったため、スコットランド王のジェイムズ6世をイングランド王として迎え入れる。イングランドでは初めてのジェイムズという名の王だったため、イングランドではジェイムズ1世とよばれる。この段階では、異なる2つの国であるイングランドとスコットランドが同一の君主をもっている状態（同君連合）である。その後、1707年、アン女王 (Anne) が連合法を裁可し、「グレートブリテン連合王国」(the United Kingdom of Great Britain) が成立する。連合法が裁可される年までは、同一の国王の下、別々の議会・政府・教会を、それぞれの国が管

理していたが、連合法の発令により、議会と政府はイングランド側に統一された。これにより、ウェールズとスコットランドをまとめているのが、イングランドであるとみなすことができる。また、この年、グレートブリテン連合王国の国旗が用いられるようになるが、この段階では、「聖ジョージ十字」と「聖アンドリュー十字」との組み合わせであった。

グレートブリテン連合王国の国旗（1707-1801）

スコットランドという名称はスコット人 (Scots) の国 (land) に由来する。スコットランドの言語であるゲール語では「アルバ」(Alba) という。アルバは、9世紀に先住民だったピクト人を制覇した際に改名した王国の名称でもある。

さらに、1801年には連合法により、アイルランド全域とイングランドが併合する。この段階で「グレートブリテン及びアイルランド連合王国」(the United Kingdom of Great Britain and Ireland) が成立する。国の名称が示す通り、現在のように北アイルランドだけではなく、現在のアイルランド共和国 (the Republic of Ireland) も含まれていた。アイルランドが併合した際、「聖パトリック十字」が加えられ、連合王国の国旗が現在のものとなる。聖アンドリュー十字と聖パトリック十字はともにX字型十字のため、この2つを重ねるとどちらか一方が上になってしまう。そこで、どちらも平等であることを示すため、ユニオン・フラッグでは、赤と白のX字型十字が互い違いに配置されている。

アイルランドの聖パトリック十字だが、森護 (1992)『ユニオン・ジャック物語』によれば、アイルランドの守護聖人セント・パトリックとは全く関係がないらしい。セント・パトリックがアイルランドの守護聖人であることに間違いはないが、聖パトリック十字がアイルランド固有のものでないのは、いささか不思議な感じである。

アイルランド島では、1919年にアイルランド共和国の樹立を宣言し、連合王国からの分離を求めた。その後、内戦が続き、1922年にはアイルランド32州のうち、南部26州が「アイルランド自由国」(the Irish Free State) として独立する。北部6州は連合王国に残った。アイルランド自由国は、1937年、その名称を現在の「アイルランド共和国」に変更した。アイルランドという国名は、アイルランド語では、「エール」(Éire) である。アイルランド共和国では、縦

に3分割された三色旗（緑・白・オレンジ）が用いられている。

アイルランド共和国の国旗

このようにして成立した、グレートブリテン及び北アイルランド連合王国だが、構成する4つの非独立国の独立性についても述べておこう。連合王国という国名にも関わらず、フットボール（サッカー）やラグビーなどに全国チームで参戦することはない。ヨーロッパにはシックス・ネイションズ (Six Nations) というラグビーの国際大会がある。この参加国は、イングランド、スコットランド、ウェールズ、アイルランド、フランス、イタリアの6ヵ国である。創設は1883年（当初は、フランス、イタリアを除く4ヵ国）で、既に連合王国が樹立していたが、アイルランドが分離する前のため、現在も北アイルランドとアイルランド共和国は合同チームとして参加している。同様に、フットボールの世界選手権大会であるFIFAワールドカップにおいても、連合王国の4ヵ国とアイルランド共和国は独立して参戦しており、1966年には連合王国ではなくイングランドが優勝している。

それでは「イギリス」という呼称はどこからきたのだろうか。既に述べたように「イギリス」とはイングランドのことであり、グレートブリテン及び北アイルランド連合王国を構成する1つの非独立国である。この国のことが日本に伝わるのは、1600年頃である。日本にやってきた最初のイギリス人は、ウィリアム・アダムズ (William Adams) だといわれている。彼は1564年、ジリンガムという町に生まれた。この年、ストラトフォード・アポン・エイヴォンで生まれた、もう1人のウィリアムが、ビクトリア朝の劇作家ウィリアム・シェイクスピア (William Shakespeare) である。

アダムズは、1576年、ロンドン郊外の造船所に弟子入りし、造船術と航海術を学んだ。この技術が後に役立つことになる。当時は大航海時代、強大な海軍を有していたのはスペインであった。一方、イギリスはヨーロッパの西にある小国であり、そこで話されている英語もブリテン島という小さな島国だけの言語であった。そのような国で育ったアダムズだが、スペインの無敵艦隊アルマダとの戦闘にも参戦しており、アルマダを撃退するという、イギリスの歴史的な勝利を目の当たりにしている。その後、アダムズは、オランダの貿易会社

1. 英語と英国について

に入社し、1598年にはオランダ東洋遠征船隊に航海長として乗船し、出航した。日本への航海途中、太平洋上で遭難し、漂流の末に九州の豊後（現在の大分県）に漂着した。このように最初のイギリス人は偶然、日本にたどり着いたのである。

その頃の日本で英語が話せる人は、もちろん、いなかったので、アダムズはポルトガル語の通訳を介して会話をしたのである。その相手は、後に江戸幕府を開くことになる徳川家康であった。アダムズは、江戸に迎えられ、家康の造船術と航海術、そして外交の顧問に任命された。領地として相模国三浦郡逸見村を与えられたので、その地名から、三浦按針とよばれるようになる。「按針」とは「針路を占う」が原義で、方位磁針で船の針路を決定する「水先案内人」のことである。まさに航海術に長けたアダムズにふさわしい和名である。

アダムズの故郷イギリスでは、エリザベス1世が亡くなり、スコットランドのジェイムズ6世をイングランド王ジェイムズ1世として迎えた頃である。この段階では、英語は日本に定着することはなく、さらに200年ほど待つことになる。1808年、イギリスの軍艦「フェートン号」がオランダ船と偽り、長崎港に入港する。この異国船は、オランダ人を人質に薪水と食料を要求してきた。当時の長崎奉行はそれに従うほかに選択肢はなく、要求通りに薪水と食料を与えた。それにより、人質は解放された。「フェートン号事件」である。

この事件をきっかけに、幕府は長崎通詞に英語を学ぶよう命じる。そこで作成されたのが『諳厄利亜興学小筌』という英語の手引書である。この手引書は1811年に長崎奉行所に献上されたため、当時世間に出回ることはなかった。その3年後、1814年には、『諳厄利亜語林大成』が完成する。英和辞書としての評価はともかく、この時代には「諳厄利亜」という語が用いられていたことがわかる。これはイングランドのラテン語名「アングリア」(Anglia) に由来するものである。2.1節で述べるように、アングロ・サクソン人がブリテン島に建国した王国の1つにイースト・アングリア (East Anglia) がある。

さらに時が経ち、1862年には『英和對譯袖珍辞書』が編纂・出版される。『諳厄利亜語林大成』の出版から、およそ50年後だが、辞書の名称に「英」が含まれており、この頃には、現在と同じく「英」が、英語に対して用いられている。書名の「袖珍」は「ポケット」のことであるが、この辞書は、横

横20.5cm・縦15.5cm・厚さ6.5cm の大きさで、とてもポケットに入る大きさではない。着物の袂とはいえ、この大きさでは入れて歩くのは難しいだろう。これは、種本にした H. Picard (1857) *A New Pocket Dictionary of the English and Dutch Languages* の Pocket をそのまま訳したものだと考えられている。また1862年には『英吉利文典』という文法書が江戸幕府開成所から出版された。この頃には、ポルトガル語の「イングレス」(Inglêz) とオランダ語の「エンゲレス」(Engelsch) から「エゲレス」あるいは「イギリス」とよばれるようになっており、上記の漢字「英吉利」が当てられている。

1.2. 言語について

　英語の歴史は、他言語との接触の歴史と捉えることができる。本書では、英語の変化に影響を与えた歴史的事実や人物に焦点をあてているが、英語と関わりの強い言語についても述べることになる。そこで、本節では、歴史言語学的な視点から、英語の位置付けと英語と関係の深い言語の基本事項についてまとめておこう。

　インドからヨーロッパにかけての広い範囲で話されているさまざまな言語は、共通の言語に遡ることができるという考え方がある。この共通の言語のことを、インド・ヨーロッパ祖語 (Proto-Indo-European) とよび、この祖語から派生したと考えられる言語族をインド・ヨーロッパ語族 (Indo-European languages) とよぶ。英語もインド・ヨーロッパ語族に含まれるが、ブリテン島から遠く離れたインドで話されているヒンディー語や、仏典の言語であるサンスクリット語（梵語）、中近東で話されているペルシャ語も含まれている。

　さまざまな言語が共通の源である祖語から分化したという考え方は、ウィリアム・ジョーンズ (Sir William Jones; 1746-1794) の研究に始まる。彼は、オックスフォード大学で学び、ラテン語・ギリシャ語といった古典語を始め、多数の言語に精通していた。イギリスがインドを支配していた初期の頃、カルカッタの最高裁判所判事に任命され赴任する。その際、サンスクリット語を学び、3言語間に偶然以上の強い類似性を発見し、ある共通の、おそらくは既に存在しない、源から生じたという仮説を打ち立てる。

　インド・ヨーロッパ祖語やその方言を話していた人々はクルガン族 (Kurgans)

をよばれており、南ロシア辺りに紀元前5000年以降に暮らしていたと考えられている。その後紀元前3500年頃には、各地に移動し、それぞれの土地で独自の生活様式を用いて暮らし始めたことによって、方言間の差が大きくなっていく。その方言間の差が大きくなり、個別の言語へと発達した。

　ヨーロッパで話されている言語は、ほとんどが、このインド・ヨーロッパ語族に含まれている。インド・ヨーロッパ語族に含まれていない代表的な言語には、フィンランド語やハンガリー語、エストニア語がある。インド・ヨーロッパ語族の中で、特に、英語の歴史に大きく関わるのは、ゲルマン語派、イタリック語派、ケルト語派の3つである。

・ゲルマン語派

　ゲルマン語派は、西ゲルマン語群、北ゲルマン語群、東ゲルマン語群の3つに下位区分される。英語は西ゲルマン語群に属している。この語群は、低地ドイツ語と高地ドイツ語の2つに、さらに下位区分される。低地・高地は地理的な違いである。西ゲルマン諸語が話されている地域は、内陸部にはアルプスがあり標高が高く、海岸近辺は標高が低い。つまり、おおよその区分としては、大陸の内陸部で話されているのが高地ドイツ語、海岸・島嶼部で話されているのが低地ドイツ語である。低地ドイツ語にはオランダ語が含まれており、高地ドイツ語には（標準）ドイツ語が含まれている。

　北ゲルマン語群は、主にアイスランドやスカンディナヴィア半島で話されている北欧諸語のことである。この語群は大きく、西スカンディナヴィア語群（あるいは西ノルド語群）と東スカンディナヴィア語群（東ノルド語群）に下位区分される。前者にはノルウェー語、アイスランド語、フェロー語が分類され、後者にはデンマーク語とスウェーデン語が分類される。一般的には8世紀頃から13世紀頃までは古ノルド語として統一して扱われる。この古ノルド語は、8世紀以降、ブリテン島を始め、アイルランド島やヨーロッパに侵攻したヴァイキングの言語であり、英語の発達にも影響を及ぼした言語の1つでもある。

　共時的な視点からは、本土スカンディナヴィア諸語 (Mainland Scandinavian) と半島スカンディナヴィア諸語 (Insular Scandinavian) とに分類することができる。半島スカンディナヴィア諸語にはアイスランド語とフェロー語が分類さ

れ、アイスランド島やフェロー諸島はスカンディナヴィア半島から人々が移住した地である。本土スカンディナヴィア諸語にはノルウェー語、デンマーク語、スウェーデン語が含まれるが、言語的な違いはあまりなく、方言差程度のものである。それぞれが独立した国で話されているため、「言語」として扱われる。一方、日本語の東北弁と鹿児島弁は「方言」として扱われるが、その差は本土スカンディナヴィア諸語間の言語差以上に異なるといわれている。

東ゲルマン語群にはゴート語が属しているが、現在は絶滅している。ゴート語で書かれた資料としては、4世紀にウルフィラ (Wulfila) によって翻訳された聖書が残っている。この聖書はギリシャ語から翻訳されたものである。現存している写本は5世紀末から6世紀に制作されたものであるが、断片的なもので、『旧約聖書』はごく僅かな部分が残っており、『新約聖書』は半分強が残っている。

・イタリック語派

この語派の最も代表的な言語はラテン語である。イタリア半島を中心に、西はイベリア半島から東は黒海沿岸まで及び、アフリカ北部を含むローマ帝国で用いられていた言語である。中世ヨーロッパにおける学問の言語であり、カトリック教会がラテン語を公用語としてからは教会の言語でもあった。ヘブライ語とアラム語で書かれた『旧約聖書』とギリシャ語で書かれた『新約聖書』もラテン語に翻訳され、ラテン語訳聖書の『ウルガタ聖書』はカトリック教会公認の聖書として用いられていた。

当時、高い文明を築いていたローマ人からは、ゲルマン人が大陸にいた頃から、多くの語を借用している。日常使用する語彙が多く、現代の視点からは借用語という感じは受けないかもしれない。ゲルマン人がブリテン島に渡ってからは、キリスト教の伝来とともに、キリスト教関連の語を借用している。

学問や教会・聖書のラテン語は書き言葉であるが、話し言葉としてのラテン語は「俗ラテン語」とよばれている。俗ラテン語は、ロマンス諸語の源になったものであり、イタリア語、フランス語、スペイン語、ポルトガル語などが発達している。この中で、フランス語は、1066年のノルマン人によるイングランド征服以降、英語の語彙や文法に大きな影響を与えている。ただし、イ

ングランド征服後、ノルマン人が話していたフランス語は「ノルマン・フランス語」(Norman French) とよばれ、後に使用される「中央フランス語」(Central French) とは異なるものである。

・ケルト語派

　ケルト人はヨーロッパを横断した初めてのインド・ヨーロッパ語族の話者だといわれている。およそ紀元前400年のことである。中央ヨーロッパのアルプス北部から各地に移動する。東は黒海沿岸やトルコ、西はスペイン南西部、南はイタリア中央部へと移動している。移動した先で、独自のケルト諸語が発達している。たとえば、トルコのガラティア語、スペインのケルト・イベリア語、フランスやイタリアのガリア語などがある。これらは、ケルト語派の大陸ケルト語に分類されるが、いずれも絶滅している。

　北フランスやオランダに住んでいたケルト人は、さらにイギリス海峡を越え、ブリテン島に渡り、南フランスに暮らしていたケルト人はアイルランド島へと渡った。それぞれの地でも独自のケルト諸語が発達する。それらは、ゴイデル語群 (Goidelic) とブリトン語群 (Brythonic) の2つの語群に分けられる。ゴイデル語群には、アイルランドのアイルランド語 (Irish)、スコットランドのゲール語 (Gaelic)、マン島のマン島語 (Manx) などがある。一方、ブリトン語群には、ウェールズのウェールズ語 (Welsh)、コーンウォールのコーンウォール語 (Cornish) などがある。イングランド南西部のコーンウォールからケルト海を渡り、大陸に移動した人々がいる。彼らは、今のフランス北西部に定住する。その地では、ブルターニュ語 (Breton) が発達した。後述するピクト人 (Picts) の言語も、この語群に属していると考えられているが、詳しくはわかっていない。

　現代の英国では、ブリテン島でもアイルランド島でも、英語が用いられている。しかしながら、スコットランドではゲール語が、ウェールズではウェールズ語が、北アイルランドではアイルランド語が、それぞれ用いられていることも忘れてはいけない。このことは、これらの国が、イングランドとは言語的にも民族的にも異なることを意味している。実際、駅名などは英語とケルト語が併記されていることがある。

　ケルト語は、アングロ・サクソン人にとっては、被征服者の言語である。

英語とケルト語の併記
Pitlochry - Balie Chloichridh

その被征服者の言語からも、英語は僅かではあるが、言語的な影響を受けている。その多くは地名や河川名に残っている。このような固有名詞を除けば、ケルト語からの借用は極少数である。crag「絶壁」、tor「岩山」、brock「アナグマ」、bard「吟遊詩人」、whisk(e)y「ウィスキー」などがある。

「吟遊詩人」を意味する bard は、The Bard of Avon という定型表現に用いられている。「エイヴォンの詩人」という意味で、具体的にはウィリアム・シェイクスピアを指す。また、whisk(e)y はゲール語の uisge beathaから派生した語である。uisge beatha はラテン語の aqua vitae「命の水」からの意味借用である。この「命の水」は錬金術師によって偶然作られたものだといわれている。また綴字には whisky と whiskey の2通りがあり、whiskyはスコットランドで、whiskeyはアイルランドで用いられている。この蒸留技術はブリテン諸島から北アメリカにもたらされるが、カナダはスコットランドから、アメリカ合衆国はアイルランドから、その技術を導入したため、カナダ・ウィスキーにはwhiskyが、アメリカのウィスキー(バーボン・ウィスキー)ではwhiskeyが用いられている。

2. 英語の時代区分

ここでは英語の時代区分について述べたいと思う。英語の時間的な流れの中に、便宜上いくつかの区切りをつけるが、その区切りを境にして、英語が一変したわけではない点は、注意が必要である。過渡期においては、古い表現と新しい表現が共存し、その2つの表現が競合した結果、一方が残り、もう一方が廃れ、英語の表現として定着する可能性がある。この場合、必ずしも新しい表現が競合に勝利するわけではない。こうした取捨選択が完了するには、ある程度の期間が必要である。また、2通りの表現が競合した結果、どちらの表現

も存続する場合もある。この場合、意味の使い分けが生じたり、使用する場面で使い分けられるようになる。このように取捨選択、競合と共存を繰り返しながら、英語は今の英語まで発達したといえる。

2.1. 古英語の時代

さて、英語の歴史は449年ゲルマン人がブリテン島にやってきたことから始まる。もちろん、この年に突然英語が生まれたわけではなく、449年以前にもヨーロッパ大陸には存在していたが、現在のイングランドに英語を話す人々がたどり着いた年代を、英語の始まりと考えることにする。この時やってきたゲルマン人はアングル人 (Angles)・サクソン人 (Saxons)・ジュート人 (Jutes) の3部族だと『アングロ・サクソン年代記』(The Anglo Saxon Chronicle) には記されている。『アングロ・サクソン年代記』とは、後述するアルフレッド大王によって編纂された歴史書である。この歴史書には記されていないが、ブリテン島に残る地名から、フリジア人 (Frisians) も一緒にやってきた可能性がある。イングランド南東部のフレストン (Freston) とフリスン (Friston) や、イングランド中央部のフリズビー (Frisby) などが、その地名である。

ブリテン島にやってきたゲルマンの3部族（あるいは4部族）の故郷は、現在のデンマークやドイツ北部、オランダ沿岸である。具体的には、ジュート人はユトランド半島 (Jutland)、アングル人はユトランド半島基部のシュレスヴィヒ (Schleswig)、サクソン人はユトランド半島南部のホルシュタイン (Holstein) のそれぞれ出身である。歴史書に名前のないフリジア人はフリースラント (Frisia) 出身である。

上記のゲルマン人がブリテン島にやって来る前、ブリテン島にはケルト人が暮らしていた。中央部から南部にかけてはブリトン人が、北部にはスコット人とピクト人が定住していた。また、ブリテン島はローマ帝国の属州でもあり、ローマ軍の支配が及ぶ地域をブリタニア (Britannia) とよび、支配が及ばない地域をカレドニア (Caledonia) とよんだ。ブリタニアにはブリトン人が暮らしており、北方のスコット人やピクト人が侵略してこないよう、境界には城壁が作られた。

ブリタニアはローマ帝国の保護下にあったが、ヨーロッパ大陸ではゲルマ

ゲルマン人の移動

ン人の各部族が、衰退したローマ帝国に向かって移動を始めた。この移動をローマ人は「蛮族の侵入」(barbarian invasion) とよんだ。ここでいう「蛮族」とは、ローマ人以外の民族のことであり、蛮族の話す言語はどれも、ローマ人からすれば 'bah, bah, bah' と言っているようにしか聞こえなかった。そのため、蛮族のことを英語では barbarians とよぶようになった。「蛮族の侵入」によって、大陸のローマ帝国は存続の危機にさらされた。したがって、海を隔てたブリテン島までローマ帝国の支配が及ばなくなってしまった。それでも、ブリトン人が北方のピクト人やスコット人の攻撃を受けた際は、ブリトン人からの要請に応えて、ローマ軍は2度ブリテン島を守るためにやってきた。しかし、ブリトン人の3度目の要請には応えることができなかった。そこで援軍を求めたのが、アングル人であった。ただし、ここでは総称として用いられており、実際449年、ブリテン島にやってきたのはジュート人のヘンギスト (Hengist) とホルサ (Horsa) という兄弟と彼らの軍であった。彼らが到着した場所は、サネット島 (Isle of Thanet) のエブスフリート (Ebbsfleet) である。このとき、ヘンギストとホルサは、ブリトン人の王ヴォーティガン (Vortigern) に傭兵として雇われたのである。ゲルマン人がやってきた頃は「島」だったサネット島だが、今は本土と陸続きになっている。現在はケント州のサネット・ディストリクト (Thanet District) に位置している。

　ヘンギストとホルサ軍は、ヴォーティガンとの約束通り、ピクト人とスコット人を撃退したが、ブリテン島の豊かさに目を向けるようになる。そこで、大陸から援軍をよび寄せ、ブリタニア全域で殺戮と破壊を繰り返し、最後には、

ブリタニアを征服したのである。ブリテン島にやってきたゲルマン人は、最初は援軍であったが、後に侵略者と化したのである。

　ブリテン島にゲルマン人がやってきたことで、中南部で暮らしていたブリトン人は、北や西に追いやられることになる。追いやられた場所は、現在のウェールズやコーンウォール (Cornwall) である。さらに、ブリトン人の一部は、コーンウォールから対岸へと脱出し、大陸にブリトン人の国を建国する。これがブルターニュ (フランス語名：Bretagne・英語名：Brittany) である。

　ゲルマンの3部族がブリテン島にやってきた当初、小さな王国が建設された。その後、互いに離合集散を繰り返しながら、8世紀に入り、ほぼ7つの王国に統合されていく。この7つの王国を「アングロ・サクソン七王国」(Anglo-Saxon Heptarchy) とよぶ。7つの王国のうち、北部から中央部にかけて建国された、ノーサンブリア (Northumbria)、マーシア (Mercia)、イースト・アングリア (East Anglia) はアングル人の国である。南部にはサクソン人の国である、エセックス (Essex)、サセックス (Sussex)、ウェセックス (Wessex) が建設された。ジュート人は南東部にケント (Kent) を打ち立てた。これらの王国は相互に自立し、争い合うこともあったが、互いに同盟することもあった。

　そのような状況の中、最初に力をもった国は南東部に位置するケントであった。この王国は大陸から近く、597年にはローマから修道士の一行がこの王国に上陸した。7つの王国の中で、初めてキリスト教に改宗したのも、この国である。イングランドにおけるキリスト教の広まりについては、6節で詳しく取り上げる。

　ケントのつぎに、力を有したのはノーサンブリアである。この王国では、南からのローマ・キリスト教と北からのケルト・キリスト教が融合した。後に述べるデーン人との接触により、ノーサンブリアは、首都ヨーク (York) を中心に独自の発達を遂げる。またノーサンブリア出身の聖職者であり神学者でもあったビード (Bede) は、ジャロウ (Jarrow) 修道院で、『英国民教会史』(ラテン語名：*Historia ecclesiastica gentis Anglorum*・英語名：*Ecclesiastical History of the English People*) をラテン語で記した。この書は後に当時の英語で翻訳された。

　8世紀に入り、イングランドを主導するようになったのはマーシアである。当時のマーシア王オッファ (Offa) は、実質的なイングランドの統一は実現でき

なかったが、自らのことを「アングル人の王」とよんだ最初のブリタニアの支配者である。また先述のビードの書名 gentis Anglorum（アングル人）からもわかるように、「アングル人」という名称は、イングランドに分立していた諸族を統一して捉えるために用いられている。また、ゲルマンの3部族がいた地域は総称としてEngla land、つまり「アングル人の土地」とよばれるようになる。これがEnglandという名称の始まりである。

その後、829年には南部の王国ウェセックスのエグバート (Egbert) が、ノーサンブリアやケント、エセックスを屈服させ、イングランドを統一する。この王国はサクソン人の国である。サクソン人は大陸にもいたので、後に大陸のサクソン人と区別するため、イングランドのサクソン人は「アングル人の土地にいるサクソン人」からアングロ・サクソン人 (Anglo-Saxons) とよばれるようになる。さまざまな種族のゲルマン人が共存する中、871年、エグバートの孫にあたるアルフレッド大王が王位を継承した。アルフレッド大王の文武両道の偉業については8節を参照のこと。

アルフレッド大王がイングランド王に即位した頃は、北方民族であるデーン人（ヴァイキング）がブリテン島を始め、さまざまな地域を襲撃していた時代でもある。イングランドでは、787年以降、デーン人の襲撃を受けていたが、アルフレッド大王がデーン人との間に停戦協定を締結した。ヴァイキング（デーン人）のイングランド襲撃による社会的・言語的影響については7節で取り上げる。

デーン人によるイングランド襲撃は、英語存続にとっての第1の危機だったということができる。もしも、アルフレッド大王がデーン人の侵攻を食い止めることができていなかったら、英語ではなく、デンマーク語（あるいは、そのほかのスカンディナヴィア語）がブリテン島で話され、現在、世界に広まっていたかもしれない。

第1の危機を乗り越えたイングランド（英語）だが、しばらくは北方のデーン人を含めた外敵との攻防を繰り広げていた。そうした中、1066年、第2の危機がやってくる。ノルマン人によるイングランド侵攻である。デーン人による襲撃の場合とは異なり、残念ながら、ノルマン人の侵攻を阻止することはできず、イングランドはノルマン人によって征服されてしまう。この「ノルマン人

によるイングランド征服」(Norman Conquest) により、イングランドにおける支配階層の言語が「英語」から「フランス語」に変わり、その後、英語に多大な影響を与えたことから、この出来事を英語の歴史における1つの区切りとする。「ノルマン人によるイングランド征服」の経緯については9節で述べる。449年の「ゲルマン人によるブリテン島侵攻」から1066年の「ノルマン人によるイングランド征服」までが1つの時代となるが、切りの良い年代で450年から1100年を「古英語」(Old English) の時代とよぶ。

2.2. 中英語の時代

1066年の「ノルマン人によるイングランド征服」は、「中英語」(Middle English) の始まりでもある。ノルマン人によるイングランドの支配が継続されていれば、ブリテン島では、「英語」ではなく「フランス語」が世界の言語になっていたかもしれない。しかしながら、表舞台から姿を消し、地方で生きながらえた英語は、およそ200年の時を経て、再び公的な場で陽の目を見ることになる。英語の復活である。第2の危機は、イングランドを脅かしたが、英語を壊滅させるほどの影響力はなかったことになる。

ノルマン人によるイングランド征服後、フランスのノルマンディ地方から、多くの貴族・聖職者・騎士・商人がイングランドにやってきた。貴族を始めとした支配階層はフランス語を話し、英語は被支配階層の言語となった。その結果、英語は政治の言語としても、文学の言語としても用いられなくなる。英語が文学の言語として復活するのは、およそ100年後である。

イングランドを侵略したノルマン人の貴族は、フランス王とイングランド王の両方に忠誠を誓う代わりに、両王から領土を与えられた。その後、領土は拡張し、ノルマンディ地方の南に接するアンジュー (Anjou) 地方にまで広がる。しかしながら、1204年、ジョン王 (John) の治世に、その領土の大半をフランス王に没収されてしまう。その中にはノルマンディ地方も含まれていたため、イングランド王はノルマンディ公ではなくなってしまう。その結果、王も貴族も、大陸ではなく、イングランドの支配に主力を置くようになる。それまでフランス王とイングランド王の両方に忠誠を誓っていた貴族は、イングランドに留まり、イングランド王にだけ忠誠を誓うことになる。やがて、イングラ

ンドの重要性が相対的に大きくなり、1258年には、遂に、英語が公文書に再び用いられた。それまでは、ラテン語・フランス語との併用であったが、英語が復権したことを示している。

　1337年、領土没収とフランス王位継承問題に端を発し、イギリスとフランスの間で戦争が起こる。途中の休戦期間をはさみ、1453年までの約100年続いたので、百年戦争 (Hundred Years' War) とよばれている。この戦争により、イングランドはフランスにおける領土のほぼすべて失うことになる。イングランドに残ったのは、フランス北部のカレー (Calais) と、ジャージー島 (Bailiwick of Jersey)・ガーンジー島 (Bailiwick of Guernsey) を含むチャネル諸島 (Channel Islands) のみであった。

　百年戦争開始後の1348年、ヨーロッパ大陸を襲った黒死病 (the Black Death) とよばれるペスト菌による伝染病がイングランドにも上陸し、イングランド全域で猛威をふるった結果、人口の約3分の1が死亡した。その後も数回にわたり、黒死病が流行した結果、イングランドの人口は半減したといわれている。黒死病の蔓延による人口減少のため、農民の不足が深刻化し、労働力としての彼らの地位が向上した。そのため、彼らが日常用いていた英語の重要性が増すことになり、英語が復活するきっかけとなった。農民に加え、聖職者も黒死病により多数死亡したため、聖職者養成を目的とする新しいグラマー・スクール (grammar school) がイングランド各地で設立された。それまでグラマー・スクールでは、フランス語でラテン語文法が教えられていたが、1385年までには、教育言語として英語が使われるようになった。1399年には、ノルマン人によるイングランド征服以降初めて、英語を母語とするヘンリー4世 (Henry IV) がイングランド王に即位した。

　このように、一時は廃れていく運命を担っていた英語であるが、完全に消滅することなく生き延び、政治的な要因と自然の要因が作用し、表舞台へと復帰することになる。事実、1423年には、国会の議事録が英語で書かれるようになり、1425年頃には、ロンドン方言が標準的な文章語として、文書・公文書で用いられるようになった。1450年以降は、手紙などもラテン語ではなく、英語で書かれるようになる。

　ノルマン人に征服されて以降、英語は簡略化の方向に進んだ。さまざまな

人が英語で文章を書くようになり、たくさんの作品がさまざまな方言によって書かれた。特に有名な文学作品には、ジェフリー・チョーサー (Geoffrey Chaucer) の『カンタベリー物語』(*The Canterbury Tales*) やトーマス・マロリー (Sir Thomas Malory) の『アーサー王の死』(*Le Morte d'Arthur*) がある。作家や個人は、自分たちの方言で、自分たちが思うように単語を綴っていた。そのため、方言だけでなく作家・個人毎に多様な綴字が用いられるようになる。多様な綴字は、印刷本が出版されるようになると、ある程度固定化する方向に進んだ。印刷本を出版した人物の1人がウィリアム・キャクストン (William Caxton) である。

　キャクストンは本を印刷・出版するにあたり、ロンドンで使われていた方言を手本とした。また当時、ロンドンは、イングランドの首都であり、政治・経済・文化の中心地であったため、そこで用いられた書き言葉が規範的な標準語として位置付けられた。ロンドンは各地から人々が集まる場所でもあったため、そのような交流を通して、ロンドン方言が地方へ普及した。このような理由により、ロンドン方言が標準英語として形成されていった。

　印刷術の導入による印刷本の出版は、標準英語の形成に、十分ではなかったが、大いに貢献したといえる。キャクストンが印刷所を開設したのが1476年だったため、1500年を一応の区切りとし、ここまでが中英語の時代である。

2.3. 近代英語の時代

　1500年以降の英語を「近代英語」(Modern English) とよぶ。この時代、学問の発展にともない、新しい概念を表すため、造語と借入によって英語の語彙が増大した。また、英語が、ブリテン島だけでなく、世界各地に広まり、「島国の言語から世界の言語」に昇華する時代でもある。

　学問への新たな関心が生まれ、印刷機の導入により印刷本が普及するにつれ、ローマ・ギリシャ時代の作家による著作を読みたいと思う人が増加する。しかもイングランドでは、古典語であるラテン語・ギリシャ語ではなく、英語で読みたいという意識が高まり、古典作品の英語への翻訳や英語での執筆が増加する。英語で書かれた作品のほうが、ラテン語で書かれた作品よりも多くの人に読まれるので、英語の著作が一般の人に広まっていく。一方、印刷業者に

とって、ラテン語の著作は売れ筋ではなくなったため、ラテン語を好む著者へは、ラテン語で書かれた作品は素晴らしいが、売れないだろうという説明が必要であった。実際、アイザック・ニュートン (Isaac Newton) は、1687年『自然哲学の数学的諸原理』(*Philosophiæ Naturalis Principia Mathematica*) をラテン語で出版したが、1704年には『光学』(*Opticks*) を英語で出版している。

　1509年に即位したヘンリー8世 (Henry VIII) は、男子後継者を欲したが、最初の妻キャサリン (Catherine) との間に男子継承者が生まれなかったため、その王妃と離婚し、宮廷の女官アン・ブーリン (Anne Boleyn) と再婚することを決意する。しかしながら、当時はカトリックであったイングランドでは、教義上離婚は禁止されており、ローマ教皇 (Pope) も婚姻解消を承認しなかった。そのため、ヘンリー8世は、ローマ・カトリック教会の一部であったイングランド教会をローマ教皇から分離し、イングランド国王を頂点とする「イングランド国教会」(Church of England) を樹立した。これは、イングランドにおける宗教改革 (the Reformation) である。さらにヘンリー8世は、大小修道院を解散させ、その財産を没収した。これにより、教育の場と学問の中心が破壊されてしまい、廃墟と化した修道院もある。教育の場が破壊されてしまったため、教育を担う場として、グラマー・スクールが次々に建てられた。グラマー・スクールは、貴顕や宗教団体の寄付金によって設立されており、貧しくても才能のある子どもの教育が目的の1つであった。

　ヘンリー8世の死後、息子のエドワード6世 (Edward VI) が即位したが、短命に終わった。ついで1554年、最初の王妃キャサリンとの間に生まれたメアリー1世 (Mary I) が王位を継いだ。母親のキャサリン同様カトリックであったメアリー1世は、新教徒（プロテスタント）への執拗な迫害を続け、新教徒の聖職者や信者、約300人を火刑に処したことで、「血のメアリー」(Bloody Mary) とよばれるようになった。一方1558年、メアリー1世の後を継いだエリザベス1世 (Elizabeth I) は、メアリー1世とは対照的に、穏健な政策をとり、イギリス国教会を確立させることに努めた。ローマ・カトリック教会から離脱する形で樹立されたイギリス国教会だが、イギリス国教会はカトリックとプロテスタントの両方であると主張し得るものであった。

　メアリー1世と結婚したスペイン王フェリペ2世 (Philip II) は、1588年イング

ランドへの侵入を決意し、無敵艦隊アルマダ (the 'Invincible' Armada) を出撃させるが、イングランド艦隊により撃退される。イングランドが世界の覇者となった出来事である。これにより、イングランドは海外に進出することになる。この歴史的出来事が、英語が世界に広まる最初のきっかけだといえるだろう。

エリザベス1世は生涯独身をとおしたため、後継者がいなかった。そこで、遠縁にあたるスコットランド王ジェイムズ6世 (James VI) が、イングランド王ジェイムズ1世として即位した。これにより、イングランドとスコットランドの同君連合が始まる。ジェイムズ1世は、聖書の翻訳を命令し、それまでの英訳聖書の集大成といわれる『欽定訳聖書』(the Authorized Version of the English Bible) を出版する。ただし、新しく翻訳したものというよりも、先行訳の改訂という位置付けであるため、先行訳の影響が強い。名称の「欽定訳」とは「君主の命により制定された」という意味であり、君主とは国王ジェイムズ1世であるので、イングランド以外では『ジェイムズ王訳聖書』(King James Version) とよばれることもある。

エリザベス1世の時代、1584年、探検家ウォルター・ローリー (Sir Walter Raleigh) がロアノーク島 (Roanoke Island) の植民を試みた。ロアノーク島一帯を当時の女王エリザベス1世にちなみ「ヴァージニア」(Virginia) と名付けた。これは、エリザベス1世が生涯独身だったため、ヴァージン・クイーン (Virgin Queen) とよばれていたことによる。ロアノーク島への上陸は成功したものの、植民は失敗に終わった。その植民地事業の過程で、ロアノーク島に物資を補給するため、一旦イングランドに戻り、補給物資をもって、再びロアノーク島に到着した際、入植者たちは全員姿を消していた。失われた植民地 (Lost Colony of Roanoke Island) として知られる出来事である。

ジェイムズ1世の治世、1607年には、ジェイムズ1世の名を冠した、アメリカ大陸東海岸のジェイムズタウン (Jamestown) に恒久的植民地の建設を始めた。また、イングランドの暮らしに疑問を感じていた「清教徒（ピューリタン）」(Puritan) の中には、新天地を求めて、危険を顧みず、未開の地であった北アメリカに移り住む者もいた。1620年、プリマス (Plymouth) 港からメイフラワー号 (*The Mayflower*) で出航した。彼らは「巡礼始祖（ピルグリム・ファーザーズ）」(Pilgrim Fathers) とよばれた。

一方イングランド国内では、英語に対して秩序と規則を求める動きが始まる。1582年にはイタリアで、1635年にはフランスで、それぞれの言語を管理する公的機関としてアカデミー (Academy) が設立されたのを受け、イングランドでも同様の機関の設立が望まれた。『ガリヴァー旅行記』(Gulliver's Travels) の作者であるジョナサン・スウィフト (Jonathan Swift) も当時、綴字の変化や流行語、短縮語を嫌い、文法規則の作成や正しい綴字の制定を願い、『英語を矯正、改良、確定するための提案書』(A Proposal for Correcting, Improving, and Ascertaining the English Tongue) というアカデミー設立の提案書を作成した。彼が理想としたのはラテン語・ギリシャ語であった。これら古典語は不変だったから生き残ったと考えたのである。

　残念ながら、スウィフトの提案は実現することはなかった。1714年に即位したジョージ1世 (George I) はドイツ人で英語を話さなかったため、英語には無関心だったことも影響している。アカデミーの設立は叶わなかったが、辞書と文法書は出版された。1755年、サミュエル・ジョンソン (Samuel Johnson) が『英語の辞典』(A Dictionary of the English Language) を出版する。1604年に出版されたロバート・コードリー (Robert Cowdrey) による初の一言語辞典である『アルファベット順の一覧』(A Table Alphabeticall) が、難しい日常語を調べるための辞典だったのに対し、ジョンソンの辞典には、難解語だけでなく日常語も収録された。

　一方文法書に関しては、1762年にロバート・ラウス (Robert Lowth) による『英文法の手引き』(A Short Introduction to English Grammar) がイギリスで、1795年にはリンドレー・マレー (Lindley Murray) による『英文法』(English Grammar) がアメリカで、それぞれ出版された。この2冊の文法書は、「正しい」英語はこうあるべきだという「規範的」な立場から書かれたもので、現在でも人々の文法観に強い影響を及ぼしている。このような文法は「規範文法」(prescriptive grammar) とよばれ、正しい文法は文法書を、正しい綴字は辞書を規範とした。

　16世紀後半から入植が始まったアメリカであるが、1776年イギリスから独立を果たす。その際、イギリスとあらゆる面で独立したいという思いから、アメリカの真の統一のためには、言語的統一が重要であると痛感した人物がいる。ノア・ウェブスター (Noah Webster) である。

ウェブスターは綴字改革にも取り組み、発音されない文字は徹底的に除去し、発音を示すための曖昧な綴字は明確な綴字に置き換えることを提案した。たとえば、bread の <a>、build の <u>、friend の <i> はすべて発音しないので、それぞれ bred, bild, frend に変更した。また、[iː] を表す綴字には、<ea>、<ie>、<ey> などがあるので、すべて <ee> に統一し、mean, grief, key を meen, greef, kee とした。しかしながら、こうした提案はあまりにも急進的であったため、広く受け入れられることはなかった。そのため、彼の改革案は後退したが、保守と革新の中庸の道を取る、新たな綴字改革案が提案された。この綴字改革案は1828年にウェブスターが出版した『アメリカ英語辞典』(*An American Dictionary of the English Language*) にも採用しており、広く受け入れられた。その結果、イギリス英語とアメリカ英語における綴字の違いを引き起こすこととなった。

表1. イギリス英語とアメリカ英語の綴字の違い

イギリス英語	アメリカ英語	イギリス英語	アメリカ英語
theatre	theater	favourite	favorite
cheque	check	prologue	prolog
programme	program	realise	realize

　近代英語と現代英語 (Present-day English) の時代を区切る明確な出来事は存在しないが、20世紀におけるアメリカ合衆国の台頭とゆるやかに結びつけることができる。あるいは、時期が少し離れてしまうが、ウェブスターによる『アメリカ英語辞典』の出版と捉えることも可能であろう。この辞典の出版により、アメリカ英語はイギリス英語から袂を分かつことになる。

2.4. 現代英語の時代

　ヨーロッパ西方の島国で話され、一時は消滅の危機に直面していた英語が、大西洋を越えて、アメリカ大陸にやってきた時代である。ブリテン諸島の人々にとっては「未開の地」であったアメリカで、ブリテン諸島にはない鳥類や動植物の名称は、blackbird のように既存の英語名を使用したり、backwoods（辺境地）のように新語を作成したりした。既存の英語名を使用した場合、英国

とアメリカで別のものを示すことになった。上記の blackbird はヨーロッパ産の「クロウタドリ」とアメリカ産の「ムクドリモドキ」を意味する。また、地名や河川名は、先住民の言葉から借用した場合もある。マサチューセッツ (Massachusetts) はアルゴンキン語派の「大きな丘」という意味を、ミシシッピ川 (the Mississippi) はアルゴンキン語派の「大きな川」という意味を、それぞれ表していた。

「新天地」を求めてアメリカ大陸に渡った者は、ブリテン諸島の人々だけでなく、フランスやスペイン、ドイツを始めとしたヨーロッパ各国の人々もいた。デトロイト (Detroit) やセント・ルイス (St Louis) はフランス語の、ロサンゼルス (Los Angeles) やサンフランシスコ (San Francisco) はスペイン語の地名である。アメリカの代名詞とも言えるニューヨーク (New York) は、植民が行われていた当初は、ニューアムステルダム (New Amsterdam) とよばれていた。その一帯はオランダの植民地だった。そのため、ニューヨークにあるブルックリン (Brooklyn)、ハーレム (Harlem)、ブロンクス (Bronx) も元はオランダ語で、Breukelyn, Haarlem, Bronck's だった。イングランド北部にはヨーク (York) という町があるので、ニューヨークは、このヨークと関連しているように思われるが、実際はそうではない。

1664年、オランダは、イングランドとの戦争に敗れ、ニューアムステルダムをイングランドに奪取された。当時のイングランド王チャールズ2世 (Charles II) は弟のヨーク公 (Duke of York) にその地を与え、領主植民地とした。その際、領主となったヨーク公にちなみ、ニューヨークと名称を変えたのである。このヨーク公は後のジェイムズ2世 (James II) である。ジェイムズ2世は、生後1年でヨーク公に叙された。このことがきっかけとなり、代々君主の次男には「ヨーク公」の公爵位が与えられるようになった。2018年の時点では、エリザベス2世の次男アンドリュー王子 (Prince Andrew) がヨーク公である。一方皇太子には「ウェールズ公」(Prince of Wales) とう称号が与えられる。この称号は、君主の長男で王位継承権者に授与られる。2018年の時点では、エリザベス2世の長男チャールズ王子 (Prince Charles) がウェールズ公である。

他言語からの借用語には、prairie（大草原；フランス語）、spook（おばけ；オランダ語）、noodle（麺類；ドイツ語）、okra（オクラ；西アフリカ）、rodeo

(ロデオ：スペイン語)、spaghetti（スパゲティ：イタリア語）などがある。イングランドでの英語に新しい意味を加えた例もある。たとえば、bill はイングランドでは「勘定書」のことだが、アメリカでは「紙幣」のことである。アメリカで「勘定書」は check とよば、イングランドで「紙幣」は note である。

また、アメリカに奴隷として連れてこられたアフリカ人は、黒人英語 (Black English) あるいはアフリカ系アメリカ人の英語 (African-American Vernacular English) を発達させた。アフリカ系アメリカ人の英語のように、母語や現地語と混ざり合い、独自の発達をとげた英語が存在する。こうした英語は、クレオール (Creole) 英語とよばれる。また、大英帝国 (the British Empire) やアメリカ合衆国の植民地だった地域では、それぞれの地域の英語を発達させた。クレオール英語を含め、現在世界には多種多様な「英語」が存在する。まさに「世界英語」(World Englishes) である。現代英語の時代の始まりは、「アメリカ合衆国の台頭」とゆるやかに結びつけた。その意味では、アメリカ英語が中心的存在となる時代といえるが、21世紀の現在は、さまざまな英語変種が発達している時代だともいえる。

3. ゲルマン人以前のブリテン島の民族

3.1. ピクト人

英語を話すゲルマン人がやって来る前のブリテン島についてみておこう。遅くとも紀元1世紀にはピクト人が、今のスコットランド北部に居住していた。ピクト人についての詳細は明らかになっていないが、ラテン語で書かれた書物には Picti として現れており、その名称は「刺青をした人」あるいは「彩色された人」を意味している。ただし、この名称自体、後に詳述するハドリアヌスの城壁より以北に住む民族一般をさし、特定の民族というわけではない可能性も残っている。また、当時は、刺青や体への彩色はローマ帝国では行われていなかったが、他の多くの文化では行われていた。ピクト人は、ローマ帝国に支配されることがなかったため、皮肉なことに、歴史的資料にはほとんど姿を現さなかったのである。彼らが住む地域はカレドニア (Caledonia) とよばれた。オーストラリア東部、南太平洋のメラネシア地域には、ニューカレドニア (New

Caledonia) とよばれる島があるが、今のスコットランドの地域を指していたカレドニアとは直接的な関係はない。イングランドの探検家ジェイムズ・クック (James Cook) が到着した島の風景が、スコットランドの風景に似ていたことから、スコットランド地域の旧名であるカレドニアを用いて名付けられたものである。ジェイムズ・クックは、キャプテン・クック (Captain Cook) の名でも知られており、ニュージーランドやオーストラリアに、イングランド人として初めて到達した人である。

ローマ軍がブリテン島から撤退するまでに、スコットランド北部に住む民族をピクト人とよぶようになるが、彼ら自身が自らをどのようによんでいたかは不明である。ラテン語の書物に現れる Picti という名称は、ピクト人の自称をもじり、「刺青を入れる」あるいは「体に色彩をほどこす」ことを意味するようになった可能性もある。実際、Pet や Pit はピクト人の地名によく用いられる表現である。たとえば、ピットロホリー (Pitlochry)、ピットレシー (Pitlessie)、ピッテンウィーム (Pittenweem) などがある。ピットロホリーは、スコットランドのハイランド地域にある風光明媚な町であり、明治の文豪、夏目漱石が愛した場所でもある。夏目漱石は1900年ロンドンに留学していた際、1902年にピットロホリーを訪れている。彼が滞在していた場所は、現在では、ダンダーラック・ホテル (Dundarach Hotel) となっている。

彼らは文字をもたなかったため、ラテン語の書物に少し登場するのみで、自らのことを語ってはいない。しかし何も残さなかったわけではなく、さまざまなシンボル (Pictish Symbols) を残している。シンボルとただの絵の違いは、次のように考えることができる。人が狩りをしている場面で描かれているワシは、おそらくは単なる「絵」だが、そのような場面から切り離して描かれているワシは「シンボル」だと捉えることができる。さらにシンボルとしてのワシは、絵としてのワシよりも、より抽象的な概念を表していると考えられる。以下では代表的なピクト人のシンボルについて解説する。

初めに動物のシンボルを取り上げる。動物のシンボルは、部族や重要な一族を表すために用いられている。そのような部族や一族は、自分たちのことを象徴的な動物で区別することがよくある。

3. ゲルマン人以前のブリテン島の民族

・イノシシ (boar)

ケルト神話では、特に重要な動物であり、イノシシ狩りは危険であるが、一般的な貴族の娯楽であった。しかし、ピクト人が描いたイノシシのシンボルは、あまり確認されていない。ブタは魔術や異世界と結びつけられていた。一般的に、イノシシは、力強さや狡猾さ、獰猛さを象徴している。

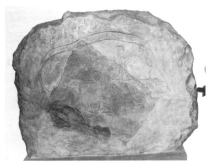

イノシシ

・ガチョウ (goose)

多くの物語で、ガチョウは「警戒心」の象徴とされている。実際、ローマは、ガチョウの騒々しい鳴き声のため、外敵からの攻撃を食い止めることができたといわれている。事実、ガチョウの大きく、騒々しく、簡単にイライラさせる鳴き声は、強盗への警鐘にも夜の警備にも適している。写真のように、ピクト人が描いたガチョウの絵は、警戒しながら後ろを向いており、注意深さを表している。

ガチョウ

また、棒 (rod) もよく使用されるシンボルである。このシンボルは他のシンボルと組み合わされて描かれ、単独で用いられることはない。ある種の形容的役割があり、「偉大な」や「王家の」「聖なる」「亡き」といった意味を加えている。多くの場合、先端が矢や槍のようになっており、向きや方向によって異なる意味を表すと考えられている。まっすぐな棒は、ほとんど見つかっておらず、以下のような形状のものが一般的である。

・Z字の棒

Z字の棒は、ヘビや2つの円盤を横切るように用いられ、死を象徴する折れ

た槍と見なされてきた。また、恐らくは、戦士としての勇敢さと見なされることもある。当時は、剣ではなく、突き槍が優れた武器であった。そのため、折れたZ字状の棒は、矢が折られた人、つまり「死」を象徴する場合と、矢を折った人、つまり「偉大な戦士」を象徴する場合とがある。別の解釈としては、雷電 (thunderbolt) があり、ケルトの雷神を象徴している可能性もある。

・V字の棒

ほとんどすべての三日月形がV字の棒と用いられている。その解釈は、折れた矢のほか、太陽や月が昇ることや沈むことを表している。

Z字棒（上）とV字棒（下）

ここに挙げたシンボルの写真は、エジンバラにあるスコットランド国立博物館 (National Museum of Schotland) に展示されていたものを2010年8月に撮影したものだが、2018年9月の段階では展示されていなかった。

スコットランド国立博物館 (National Museum of Scotland) への行き方
エジンバラ駅から徒歩で20分ほどである。
National Museum of Scotland
Chambers Street, Edinburgh, EH1 1JF

ピクト人の言語についても不明な点が多いが、一説によれば、ピクト人の言語であるピクト語 (Pictish) はケルト語派のブリトン語群に属していると考えられている。その根拠となっているのが、「河口」を含む地名の分布である。ケルト語派には aber と inver という「河口」を意味する語があるが、aber はウェールズ語を含むブリトン語群の語であり、inver はゲール語を含むゴイデル語群の語である。aber を含む地名はウェールズで存在する一方、スコットランド東部でも存在する。これに対し、inver を含む地名はスコットランドで一般的である。ピクト人は、スコットランド東部出身だと考えらえており、ブリ

トン語群の aber を含む地名の分布と居住地が一致している。

3.2. ケルト人とオガム文字

ヨーロッパ大陸からイギリス海峡を越えてブリテン島にやってきたケルト人は、ウェールズ、コーンウォール、カンバーランドに王国を建国した。また、スコットランドの南西部には、ストラスクライド (Strathclyde) とよばれる王国を打ち建てた。さらに、一部のブリトン人は、コーンウォールからフランスの北西部に渡り、定住する。現在のブルターニュ地方である。ブルターニュ (Bretagne) はフランス語の呼称で、英語では Brittany という。これは「小ブリテン」という意味である。これに対して、島のほうは「大ブリテン」(Great Britain) とよばれている。ブリテン島とブルターニュの、このような区別は12世頃、Britannia Major と Britannia Minor として区別されたことに遡るといわれている。

さて、ブリテン島に定住したケルト人は、先住のピクト人とは異なり、自らの言語を書き記すための文字体系をもっていた。その文字体系は、オガム文字 (Ogham script) とよばれている。これはアイルランド島のゴイデル語群が最初に用いたものであり、オガム文字で書かれた資料のほとんどがアイルランド島に残っている。アイルランド以外では、スコットランド、ウェールズ、コーンウォールのように、ケルト人が定住した地域で用いられている。また、ブリテン島とアイルランド島の間にあるアイリッシュ海峡に位置するマン島においても、オガム文字が刻まれた墓碑が発見されている。その年代は4世紀末から7世紀である。墓碑のほか、埋葬の記念碑、占いに使われていたが、文学作品には用いられなかった。その背景には、伝承や詩を記述することは、口述の伝統を脅かすとの考えから、禁じられていたことがあるのかもしれない。このような社会だったため、吟遊詩人や詩人は多大な尊敬の対象であった。

オガム文字は、1本から5本の直線の組み合わせによる文字表記である。木や石に容易に刻み込めるように「切り込み」の組み合わせとなっている。表2に示すように、各々の文字は木に関連がある。通常、石碑の角に下から上に向かって書かれ、必要があれば、今度は上から下に向かって書かれる。オガム文字の直線は基準線の両側に引かれるか、片側か、斜めであるかによって、区別されている。

表2. オガム文字

オガム文字	ラテン文字	木の名称	意味
┝	b	beithe	カバノキ
┠	l	luis	ナナカマド
┣	f/v	fearn	ハンノキ
┣	s	seileach	ヤナギ
┣	n	nion	イラクサ
┥	h	huath	サンザシ
┪	d	dair	オーク
┫	t	tinne	モチノキ
┫	c/k	coll	ハシバミ
┫	q	quert	ホーリーヤマナラシ
┼	m	muin	ブドウの木
╪	g	gort	ツタ
╪	ng	ngetal	エニシダ
╪	z	straif	ヤナギのシダ
╪	r	ruis	ニワトコ
╋	a	ailme	マツ
╪	o	onn	ハリエニシダ
╪	u/w	úr	イバラ
╪	e	edad	イチイ
╪	i/j/y	iúr	ナナカマド

こうしたオガム文字は、神聖な「イチイの木」に刻まれることもあった。次節でみるルーン文字と同じように、占いや呪術を行うことが目的であった。ケルト社会において、占いを行うのは「ドルイド」(druid) とよばれる祭司である。ドルイドは、宗教的にも政治的にも指導的役割を果たしていた。

4. ラテン文字以前の文字体系

4.1. ルーン文字の秘密

英語を書く際に用いられる文字は一般に「アルファベット」(alphabet) とよばれているが、英語の alphabet は「文字体系」全般のことを指し、必ずしも英語の文字体系だけを意味するのではない。たとえば、ギリシャ文字は Greek alphabet とよばれる。これに対して、英語で用いられる「アルファベット」は Roman alphabet もしくは Latin alphabet とよばれる。

さて、英語はラテン文字を用いて書かれるようになるが、ラテン文字が導入される前は、ルーン文字 (Runic alphabet) が用いられていた。「ルーン」とは「秘密」のことであり、ルーン文字は占いや呪術に用いられていた。この文字は広くゲルマン人が用いていた文字体系で、現代のスカンディナヴィア半島を中心に、ヨーロッパ中部やブリテン諸島、ドイツ・オランダなどで、その痕跡をみることができる。ルーン文字は、ブローチやバックルのような金属製品を始め、動物の骨や木片、石碑に彫られていた。最古の遺物は2世紀のものである。写真の「フランクス・カスケット」(Franks Casket) は、ノーサンブリアで8世紀前半に制作されたものである。このカスケットは大英博物館 (British Museum) で見ることができる。

カスケットの大きさは、およそ、長さ23cm・幅19cm・高さ11cmで、鯨の骨でできている。側面には、ローマ、ユダヤ教、キリスト教、ゲルマン人の伝統が示されている。

フランクス・カスケット

言語学的に興味深い点は、古英語がルーン文字で、ラテン語がラテン文字で、それぞれ彫られている点である。

> **大英博物館 (British Museum) への行き方**
> ロンドン地下鉄のセントラル線 (Central) あるいはノーザン線 (Northern) トッテナム・コート・ロード (Tottenham Court Road) 駅、もしくはピカデリー線 (Piccadilly) あるいはセントラル線ホルボーン (Holborn) 駅、もしくはピカデリー線ラッセルスクエア (Russell Square) 駅から歩いて10分ほどである。
> **The British Museum**
> Great Russell Street, London, WC1B 3DG

　ルーン文字で書かれた英語の文献は僅かである。アングロ・サクソン人がかつてルーン文字を使用していた痕跡は、ルーン文字に関係のある3つの単語に残されている。その3語とは、write, read, beechである。当時は、紙に文字を「書く」のではなく、木片や石に文字を「刻み」こんでいた。今の英語で「書く」を意味するwriteは、本来は「(文字を)刻む、彫る」という意味であった。また、現代英語のread「読む」は、「解き明かす」という意味で用いられていた。さらに、ルーン文字は「ブナの木」(beech) に刻まれていた。つまり、ルーン文字は、「ブナの木」(beech) に「刻み」(write) こんだ文字を、「解き明かす」(read) ために用いられていたといえる。

　ルーン文字の体系は、初期の古形 (Elder Futhark) では24文字であった。スカンディナヴィアでは、700年代には16文字からなる、新ルーン文字 (Younger Futhark) が用いられるようになる。スカンディナヴィアで用いられていたルーン文字は、最初の6文字をとって「フサルク」(futhark) とよばれている。さらに、600年から700年頃までに、アングロ・サクソン人やフリジア人は独自のルーン文字の体系 (Anglo-Saxon Futhorc) を発達させている。この体系では、初期の古体に、最大で9つの新しい文字が追加されていたので、文字数は全体で最大33文字であった。アングロ・サクソン人が用いたルーン文字は、スカンディナヴィアの「フサルク」に対して、最初の6文字から「フソルク」(futhorc) とよばれている。基本的な文字の配列は同じであるが、それぞれの言語を表すための工夫が施されている。

　上記の通り、ルーン文字は木片や石に彫られていたため、ラテン文字のような曲線を使うことはできず、また、木目に沿うように刻むこともできなかった。そのため、表3に示すような縦線と斜線との組み合わせによって示されていた。

4. ラテン文字以前の文字体系

表3はアングロ・サクソン人が用いたルーン文字（フソルク）の一覧である。

表3. ルーン文字（アングロ・サクソン）

	ルーン文字	ラテン文字	名称	意味
第1グループ (First Aett)	ᚠ	f	Feoh	財産、家畜
	ᚢ	u	Ur	野牛
	ᚦ	th	Thorn	棘、いばら
	ᚩ	o	Os	神（アース神族）
	ᚱ	r	Rad	騎乗、乗り物
	ᚳ	c	Cen	松明
	ᚷ	g	Gyfu	贈り物
	ᚹ	w	Wynn	喜び
第2グループ (Second Aett)	ᚻ	h	Hægl	霰、雹
	ᚾ	n	Nyd	欠乏、必要
	ᛁ	i	Is	氷
	ᛄ	j	Ger	年
	ᛇ	ei	Eoh	イチイの木
	ᛈ	p	Peorð	[不明]
	ᛉ	z	Eolhx	ヘラジカ、大角鹿
	ᛋ	s	Sigel	太陽
第3グループ (Third Aett)	ᛏ	t	Tir	ティール（軍神）
	ᛒ	b	Beorc	白樺、樺の小枝
	ᛖ	e	Eh	馬
	ᛗ	m	Monn	人間
	ᛚ	l	Lagu	水
	ᛝ	ng	Ing	イング（神の名前）
	ᛟ	œ (oe)	Eðel	世襲の土地、領土
	ᛞ	d	Dæg	日、昼間

追加のルーン文字 (Extra Runes)	ᚫ	a	Ac	オーク（の木）
	ᚬ	æ (ae)	Æsc	トリネコ（の木）
	ᚣ	y	Yr	（イチイでできた）弓
	ᛠ	ea	Ear	土、墓
	ᛡ	eo	Ior	ビーバー（水生生物）
	ᚸ	g	Gar	槍
	ᛣ	k	Calc	履き物
	ᛥ	st	Stan	石

　表3で示したように、ルーン文字とラテン文字（あるいはギリシャ文字）とは、類似している文字がいくつか存在している。そのため、ルーン文字とラテン文字（あるいはギリシャ文字）が全く無関係で、ルーン文字が独立して発生したとは考えにくい。一方で、ルーン文字の起源について決定的な見解が示せない理由の1つは、文字の配列にある。表4には、ルーン文字と対応するラテン文字を併記しているが、ラテン文字の配列であるABCDEFGとは全く異なっている。表4のように、ラテン文字の最初5文字の配列は、ギリシャ語から、ほぼ受け継いだものである。

表4. アルファベットの発達

ギリシャ文字	ラテン文字	ルーン文字	
A	A	ᚠ	f
B	B	ᚢ	u
Γ	C	ᚦ	th
Δ	D	ᚫ	o
E	E	ᚱ	r
---	F	ᚳ	c
---	G	ᚷ	g

　ギリシャ語3番目の文字は「ガンマ」といい、[g]の音を表す。ラテン語を記すために、ギリシャ文字を取り入れたが、初期のラテン語には[g]の音がな

4. ラテン文字以前の文字体系

かったため、この「ガンマ」という文字を [k] を表すために用いた。のちに、ラテン語にも [g] を表記するための文字が必要となったので、<C> の文字に工夫をこらし、<G> の文字を作り出した。

前述のように、ルーン文字はスカンディナヴィア半島からブリテン島・アイルランド島に渡り、発見されている。その間に位置するオークニー諸島やシェトランド諸島にも、ルーン文字の痕跡が残っている。写真は、オークニー諸島にあるリング・オブ・ブロッガー (Ring of Brodgar) のスタンディング・ストーンに刻まれたルーン文

スタンディング・ストーン

ルーン文字

字である。この環状石にはルーン文字が刻まれているが、中には最近いたずらで彫られたものもあるそうである。(写真のルーン文字は本物のはずである。)

オークニー諸島 (Orkney Islands) への行き方
エジンバラ空港から飛行機でカークウォール空港までおよそ1時間の飛行。カークウォール空港から中心都市カークウォールの町まではバスで15分程度。ルーン文字を見るには、カークウォールから、さらにバスを乗り継いで1時間ほどかかる。

The Travel Centre (Kirkwall)
West Castle Street, Kirkwall, KW15 1GU

4.2. ラスウェルの十字架

ルーン文字の碑文に関して、英語の歴史の中で重要視されているものに「ラスウェルの十字架」(Ruthwell Cross)(あるいは「リズルの十字架」)がある。このラスウェルの十字架は、スコットランドのダムフリー・アンド・ギャロウェ

イ (Dumfries and Galloway) にあるラスウェル教会 (Ruthwell Kirk) の中で観ることができる。

　この十字架はラスウェル教会の中にあり、礼拝が行われていなければ、誰でも自由に見学することができる。ただし、通常はドアに鍵がかけられているので、ウェブサイトの指示では、教会近くにある牧師館の庭先に設置されている鍵箱から鍵を断りなく借りることができることになっている。

鍵箱

箱に入れられたラスウェルの十字架

ラスウェル教会 (Ruthwell Kirk) への行き方

エディンバラ駅からカーライル (Carlisle) 駅まで電車で1時間程度。路線バスに揺られて、さらに1時間程度。バス停からは徒歩5分ほどである。

Ruthwell Kirk
Ruthwell, Dumfries and Galloway, Scotland, DG1 4NP

　ラスウェルの十字架を見るために、2017年にラスウェル教会に行ったのだが、ちょうど、天井の塗り直しをしていたため、肝心のラスウェルの十字架は木箱に入れられており、残念ながら、見ることはできなかった。十字架は箱入りの状態だったが、天井が綺麗に仕上がっていた。

　翌年、改めて教会を訪れ、無事にラスウェルの十字架と対面することができた。十字架には円環が施されており、柱身のそれぞれの面の両端にルーン文字で詩が彫られている。これは『十字架の夢』(The Dream of the Rood) とよば

4. ラテン文字以前の文字体系

Ruthwell Cross 全体

Ruthwell Cross 拡大

れている古英詩の一部である。

　ラスウェルの十字架は、英国で作られた石造彫刻の最高傑作の1つであり、7世紀後半の680年頃に作られたものだと考えられている。当時は、アングロ・サクソン七王国の1つ、ノーサンブリア王国での建立であった。17世紀半ばまでは、教会内の祭壇近くに置かれていた。しかしながら、1642年、スコットランド教会の総会において、偶像崇拝に関する法令が可決されると、十字架は壊され、表面は部分的に潰された。破片の一部は教会墓地に埋められ、一部は身廊の舗装に使われた。しばらく、この状態が続いたが、埋められていた十字架の上部が見つかったことが契機となり、1802年には牧師館の庭に再構築された。1887年、十字架は教会内に戻され、現

南北面

東西面

在のように丸い天井の下に置かれた。

　彫られている内容については、残念ながら、既に制作から時が過ぎているので、文字の判別が難しい部分もあるが、17世紀前後に書き写された資料から全容を掴むことができる。十字架柱身の4面それぞれにルーン文字が刻まれている。北面と南面には、キリストと教父の生涯と死に関する出来事が彫られている。一方、東面と西面には、鳥や動物が入った植物の渦巻き模様が彫られている。

　北面と南面にはラテン文字で、それぞれの場面について書かれている。使用されているのはラテン語である。それに対して、東面と西面の文様の両端にはルーン文字で『十字架の夢』が刻まれている。こちらは古英語が用いられている。その一部を以下に示す。

　　ᚴᚱᛁᛋᛏ ᛒᚨᛖᛋ ᚮᚿ ᚱᛟᛞᛁ　　　'KRIST WÆS ON RODI'

ルーン文字も、原則は1字1音なので、そのままラテン文字に置き換えることができる。ラテン文字に置き換えたものが右側の文である。

4.3. Bluetooth

　先に述べたように、ルーン文字には、ラテン文字やギリシャ文字に似ているものがある。諸説あるが、ルーン文字は、いずれかの文字体系を元に作り出されたものだといわれている。つまり、ラテン文字やギリシャ文字とルーン文字は姉妹関係あるいは従姉妹関係にあるといえる。

　ルーン文字においても、言語によって使用されていた文字の種類や文字の音は異なっていた。表3で挙げたものは、アングロ・サクソン人が使用していたルーン文字の一覧である。今の北欧（デンマークやノルウェーなど）では異なるルーン文字の体系が使用されていた。それが表5である。

　10世紀後半、デンマークとノルウェーの王にハーラル・青歯王・ゴームソン (Harald Blåtand Gormsen) という人物がいた。後述するように、1013年、デンマークとイングランドの王になったスヴェン1世双叉髭王の父親である。デンマークとノルウェーを平和的に統一し、異なる意見を1つに取りまとめた業績が称えられている。ちょうど、スマートフォンやタブレット、ノートパソコ

ンやプリンタなどさまざまな電子機器が存在する中、どのような機器であっても無線接続が可能な統一された規格と同じようにである。Harald Blåtand の頭文字 H と B をルーン文字で表すと ᚼ と ᛒ となる。この2つの文字を合わせると ᛒ となり、よく見かけるマークが完成する。さまざまな機器を結びつける統一した規格 Bluetooth を表す記号である。先に挙げたデンマーク王のBlåtand はデンマーク語での表記であり、英語に直すと Bluetooth となる。

表5. 北欧ルーン

	ルーン文字	ラテン文字
第1グループ (First Aett)	ᚠ	f
	ᚢ	u
	ᚦ	th
	ᚨ	a
	ᚱ	r
	ᚴ	k
第2グループ (Second Aett)	ᚼ	h
	ᚾ	n
	ᛁ	i
	ᛆ	A
	ᛌ	s
第3グループ (Third Aett)	ᛏ	t
	ᛒ	b
	ᛘ	m
	ᛚ	l
	ᛦ	R

4.4. Ye Olde Cheshire Cheese

ロンドンを流れるテムズ川 (the Thames) から歩いて10分ほどの場所に Ye

Ye Olde Cheshire Cheese

Olde Cheshire Cheese という名前のパブがある。かつては、チャールズ・ディケンズやサミュエル・ジョンソン博士などが通ったといわれている店である。16世紀から営業しているが、1666年のロンドン大火 (the Great Fire) により再建を余儀なくされた。ここでは、店名の Ye に注目してもらいたい。この語は the を意味するが、その成り立ちは、ルーン文字の <þ>（ソーン）と関係がある。

古英語の時代、アングロ・サクソン人に用いられていた <þ> は、古英語期だけでなく、中英語期においても、依然使用されていた。<þ> は現代英語の <th> に対応するため、現代英語の the が þe と綴られていた時期がある。この þe だが、手書きの場合、図のような表記になり、場合によっては þe ではなく、ye のように読めることがある。このような表記が一部で定着し、the の代わりに ye が用いられるようになった結果である。また、olde のように語尾に <e> をつけることは、現代英語においても、その店が古くからあるように見せるため（実際、古くから営業しているかもしれないが）、old ではなく olde を使用することが、アメリカにおいても行われている。

5. ローマ帝国による支配と衰退

ヨーロッパ大陸でローマ帝国が繁栄を極めていた時代のことである。その領土は、ドーバー海峡を越え、ブリテン島にまで及んだ。紀元前55年と54年、ユリウス・カエサル (Julius Caesar) が、ブリテン島へ侵攻したが、ブリテン島を部分的に征服するにとどまった。この時既に、ブリテン島とガリアの両方に居住する部族の存在が確認されている。その部族は、現在のベルギーにあたるガリア北部出身のベルガエ族 (Belgae) である。その後、紀元43年には、クラウディウス皇帝 (Claudius) がブリテン島を征服し、ローマ帝国の支配下と

なった。ブリテン島はローマ帝国の属州となり、その属州首都はケルト語ではカムロドゥノンとよばれていたが、ラテン語ではカムロドゥヌム (Camulodunum) となった。その後、10世紀に入ると、コルチェスター (Colchester) とよばれるようになる。ある書物によれば、コルチェスターはブリテン諸島で最古の町だといわれている。

コルチェスター

122年、ハドリアヌス皇帝 (Hadrian) は、北部のピクト人やスコット人に攻め入れられるのを防ぐため、「ハドリアヌスの城壁」(Hadrian's Wall) を建設する。東はタイン (Tyne) 川の河口付近のウォールセンド (Wallsend) から西はソルウェイ湾 (Solway Firth) のボウネス (Bowness) にいたる、全長およそ117 kmに及ぶ長い城壁であった。幅は3 m、高さ3.5–5 mの石壁で、途中には砦が設けられ、砦と砦の間には、堡塁と物見やぐらが建てられた。また、城壁の北側には、深さ 2–3 m、幅 9–10 mの堀が造られた。南側にも同様の広い溝が掘られた。また、城壁内外の通商に対しては関税を課していた。現在は部分的に残っており、一部は歩くこともできる。また、この旧城壁におおよそ沿って走るバスは、ハドリアヌスの城壁が建設され始めた年にちなみ、AD122 とよばれている (2018年12月現在)。運行時期は、復活祭 (イースター) から9月下旬までとなっている。

ハドリアヌスの城壁

ハドリアヌスの城壁を示す看板

ハドリアヌスの城壁 (Hadrian's Wall) への行き方

ハドリアヌスの城壁で見学できる場所はいくつもあるが、公共の交通機関の便が比較的良い場所としては、ウォールタウン (Walltown) がある。
ロンドンのキングズ・クロス駅から列車でニューカッスル (Newcastle) 駅まで行き、乗り換えて、ホルトウィッスル (Haltwhistle) まで、(待ち時間を含めて) およそ4時間10分。ホルトウィッスルからはバスで30分のところにビジター・センターがある。ハドリアヌスの城壁は、ヴィジター・センターから歩いて10分ほどの場所である。

Walltown Visitor Centre (Hadrian's Wall)
Walltown Quarry, Greenhead, Brampton, CA8 7HF

ローマ軍が、その一部を属州としたブリテン島は、古代ギリシャ世界では、ネーソス・アルビオノン (Nesos Albionon) とよばれていた。議論の余地は残るが、マッシリアのピュテアスというギリシャ人の船乗りによる断片的な記録によるものである。この語がラテン語に入り、アルビオヌム

セブン・シスターズ

(Albionum) となった。ヨーロッパ大陸からブリテン島に海路で向かった際、最初にたどり着くのは、ブリテン島南部・南東部、ドーバー海峡沿岸に広がる、白亜の絶壁である。この白亜のチョーク層で有名なものは、セブン・シスターズ (Seven Sisters) とドーバーの白い崖 (White Cliffs of Dover) であろう。

セブン・シスターズ (Seven Sisters) への行き方

ロンドンのセント・パンクラス駅から列車でブライトン (Brighton) 駅まで1時間20分。そこからバスを乗り継ぎ、セブン・シスターズ・パーク・センターまで約1時間。バス停からビジター・センターまで約10分の道のり。
ビジター・センターからセブン・シスターズの絶景を眺める場合は、歩いて往復1時間30分ほどである。方向は異なるが、セブン・シスターズに登る場合も同じくらいの時間がかかる。浜辺に下りて、下からセブン・シスターズを眺めるには、徒歩で1時間ほどである。

Seven Sisters Country Park
Exceat, Seaford, East Sussex, BN25 4AD

5. ローマ帝国による支配と衰退

　また、ギリシャのピュテアスは西の島（アイルランド島）をイエルネ (Ierne) とよんだ。この名称はラテン語に借用され、ヒベルニア (Hibernia) となった。西のアイルランド島と東のブリテン島を合わせたブリテン諸島 (British Isles) をプレタニケ (Pretaniké) とよんだ。このギリシャ語のプレタニケがラテン語のブリタニア (Britannia) に変わった。

　ローマ帝国は、ブリテン島を属州とした際、各地に公衆浴場を建設した。中でも最も有名なものはバース (Bath) に建設されたローマン・バス (Roman Baths) だろう。この町では、その名が示す通り、ローマの支配を受ける以前から、温泉が利用されていたと推測されている。現在でも実際の「温泉」を見ることができる施設であるが、かつての公衆浴場の遺跡については、イングランド各地で見ることができる。

ローマン・バス

ローマン・バス (Roman Baths) への行き方

ロンドンのパディントン駅からバース・スパ (Bath Spa) 駅まで列車で1時間30分。駅からローマン・バスまでは徒歩で10分程度。

The Roman Baths
Abbey Church Yard, Bath, BA1 1LZ

　ローマの属州となったブリタニアだが、3世紀には、新たな行政区分により、南北2つに分かれた。1つは、ロンディニウム (Londinium; 今のロンドン) を州都とする「ブリタニア・スーペリオル」(Britannia Superior) で、もう1つは、エボラクム (Eboracum; 今のヨーク) を州都とする「ブリタニア・インフェリオル」(Britannia Inferior) である。ローマ軍がブリテン島から撤退した後も、ロンドンはイングランド南部の中心地として、ヨークはイングランド北部の中心地、あるいはノーサンブリアの首都として栄えている。

　ブリトン人は、ローマ人に支配されていたというよりも、庇護を受けてい

たという表現のほうが適切かもしれない。実際、ブリテン島はローマ帝国の属領であり、ローマ帝国の言語であったラテン語を強要されることもなかった。地名にはケルト語に由来すると考えられているものが多数存在する。今では英国の首都となっているロンドン (London) も、Lud というケルトの川の神に由来するといわれているが詳細は不明である。そのロンドンを流れるテムズ川 (the Thames) もケルト語で「暗い」を意味する語からできたものである。そのほか、イングランドの劇作家であるウィリアム・シェイクスピア (William Shakespeare; 1564-1616) の生まれ故郷ストラトフォード・アポン・エイヴォン (Stratford-upon-Avon) があるエイヴォン川 (the Avon) も「川」という意味のケルト語である。さらにブリテン島北部、スコットランドの町アバディーン (Aberdeen) はディーン川 (the Deen) の河口 (aber) という意味で、aber がケルト語である。

また、湖の怪物ネッシー (Nessie) がいるとされているネス湖は Loch Ness とよばれる。この loch もまたケルト語であり、英語の lake に対応する。Lake Ness ということも可能であるが Loch Ness のほうが、はるかに一般的である。そのネス湖から流れる川がネス川 (the Ness) であり、その河口 (inver) にある町がインヴァネス (Inverness) である。スコットランドを観光する際の拠点となる町の1つである。

6. キリスト教の伝来

ゲルマン人は元々多神教であった。ちょうど日本人と同じように、森羅万象すべてに神が宿ると考えていた。そのことは、ゲルマン神話や北欧神話にも表れている。北欧神話における最高神はオーディン (Odin) である。知恵・文化・戦争・死の神である。これに対応するアングロ・サクソン人の神はウォーディン (Woden) であり、やはり、アングロ・サクソン神話における主神である。オーディンの息子はトール (Thor) である。アングロ・サクソン神話ではスノール (Thunor) で、雷・戦争・気象などの神である。このように、神話からゲルマン人が広く、神の存在を認知していたことがわかる。

さて、ヨーロッパ大陸からブリテン島に渡ったアングロ・サクソン人も、当初は多神教徒であった。しかしながら、ローマ帝国の宗教となったキリスト

6. キリスト教の伝来

教がイングランドに伝来すると、改宗することになる。キリスト教のイングランドへの伝来は大きく北回りと南回りの2系統に分かれている。

6.1. 北回りによる伝来

北回りでどのようなキリスト教がイングランドに伝来したかをみることにしよう。435年、聖パトリック (St. Patrick) がローマからアイルランドにキリスト教を伝える。聖パトリックはアイルランドの守護聖人である。その後、563年にアイルランドから聖コルンバ (St. Columba) がアイオナ島 (Iona) に渡り、アイオナ修道院 (Iona Abbey) を建立する。これにより、ブリテン島にキリスト教が伝来した。聖コルンバは、スコットランド東部に暮らすピクト人に布教活動を行った。

アイオナ修道院

さらに、635年には、聖エイダン (St. Aidan) が、ブリテン島の東海岸にあるホーリー島あるいはリンディスファーン島 (the Holy Island of Lindisfarne) に渡り、リンディスファーン修道院 (Lindisfarne Priory) を創設する。これにより、イングランドにキリスト教が伝来した。聖エイダンは王と一緒に馬に乗って移動することはなく、アイルランドの修道士らしく、徒歩で旅をしていた。

アイオナ島 (Isle of Iona) への行き方

ブリテン島の西側にあるヘブリディーズ諸島に位置する。エジンバラを起点とすると、まずは列車でグラスゴー (Glasgow) 駅まで移動する。1時間から1時間30分の距離である。さらに列車でグラスゴー駅からオーバン (Oban) 駅に移動する。所用時間はおよそ3時間。さらに、オーバンからフェリーに乗り、対岸のマル島 (Isle of Mull) にあるクレイグニュア (Craignure) に移動する。列車の次は、50分ほどの船旅である。次はバスに乗車し、クレイグニュアの反対側にある フィオンフォート (Fionnphort) に移動する。こちらも所要時間50分である。最後に、フィオンフォートからフェリーで10分、ようやくアイオナ島のフェリーターミナルに到着する。
マル島のバスもアイオナ島のフェリーも、本数はそれほど多くないので、出発時刻と到着時刻をあらかじめ調べておく方がよい。

Iona Abbey and Nunnery
Isle of Iona, Argyll, PA76 6SQ

西のアイオナ島も東のリンディスファーン島も、ともにヴァイキングの襲撃に遭い、どちらの島の修道院も破壊されてしまった。アイオナ修道院は、ノルマン人の時代に再建されたが、リンディスファーン修道院は、その廃墟が残るのみである。

> ### ホーリー島 (Holy Island of Lindisfarne) への行き方
> ホーリー島はイングランドにあるので、本書の趣旨からは、ロンドン発の列車を利用することになる。その場合、ロンドンのキングズ・クロス駅からバーウィック・アポン・ツイード (Berwick-upon-Tweed) 駅まで3時間35分の移動である。イングランド北部の都市なので、エジンバラからであれば、バーウィック・アポン・ツイードまで列車で40分ほどである。
> 列車で移動した後、バスに乗り換える。およそ35分でホーリー島に到着する。
> ホーリー島は、満潮時は孤立した島となるが、干潮時は本土と土手道 (causeway) で陸続きになるため、歩いて渡ることも可能である。ただし、干潮時間は日により異なるため、十分な注意が必要である。
>
> **Lindisfarne Priory**
> 　Holy Island, Berwick-Upon-Tweed, Northumberland, TD15 2RX

聖エイダン

リンディスファーン修道院

　この北回りで伝来したキリスト教の特徴は、アイルランドでのケルト文化との融合である。その文化は十字架にも反映されており、通常の十字架ではなく、「円環」が加えられたケルト十字 (Celtic cross) が用いられている。この円環は「太

陽の光」を意味するとされたり、あるいは「生命の循環」を表すといわれたりしている。

　別の特徴は、修道院制度にある。後述する南回りで伝来したローマ・キリスト教が司教制度であったこととは対照的である。修道士 (monk) は、俗世間から厳格に切り離され、閉ざされた世界にある、大修道院 (abbey) や小修道院 (priory) で自給自足の共同生活を送っていた。彼らは質素な生活を送り、キリストが経験した受難を追体験することで、救いを求めている。修道士は禁欲生活を送ることになるが、彼らにとっては、「禁欲」という言葉に必ずしも否定的な意味はともなっていない。

ケルト十字架

　修道士は定期的に断食を行い、日課として祈祷と勉学に励んでいた。勉学には聖書の暗唱と写本が含まれている。当時の聖書は先述の通り、ラテン語に翻訳された『ウルガタ聖書』である。「写本」とは文字通り「書き写す」行為である。現代のようにコピー機があるわけではなく、また、印刷術も発達していなかった時代、書物を複製するには「書き写す」しかなかった。ただ修道士は、神聖な書物である聖書を単に書き写したのではなく、金箔を用いたりし、きらびやかに装飾を施した。そのような写本を「装飾写本」(illuminated manuscripts) とよぶが、中世におけるケルトの3大装飾写本の1つが、上記リンディスファーン修道院で作成された『リンディスファーン福音書』(The Lindisfarne Gospels) である。現存する『リンディスファーン福音書』の写本は大英図書館 (The British Library) に保管されており、デジタル化されたものが大英図書館のサイトで見ることができる。リンディスファーン島で見ることができるのは複製版である。

　残り2つの装飾写本は『ケルズの書』(The Book of Kells) と『ダロウの書』(The Book of Durrow) である。この2冊は、アイルランド共和国の首都ダブリンにあるダブリン大学のトリニティ・カレッジ図書館 (The Library of Trinity College, University of Dublin) に所蔵されている。ケルトの3大装飾写本はいずれもラテ

ン語で記されているが、『リンディスファーン福音書』には、行間に当時の英語で注解が施されている。この行間注解 (interlinear gloss) は、ラテン語を逐語的に訳したものではあるが、当時の英語を調査するための重要な資料でもある。

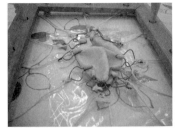

　ここまで、「書き写す」ことを当然のように書いてきたが、写本という行為自体も、現代から比べれば、大変な工程を要するものであった。当時のイングランドでは、現代のような植物（パルプ）による紙は存在せず、動物の皮から作成した羊皮紙 (parchment, vellum) が用いられていた。日本語では「羊の皮の紙」とよばれ

ているが、必ずしも羊だけではなく、ヤギや仔牛の皮も用いられていた。そのため「獣皮紙」という名称も使用される。英語名の vellum は parchment よりも上質の羊皮紙を表すと捉えられることもあるが、実際は材料となる動物の違いであり、仔牛の皮を用いた獣皮紙を vellum とよぶ。この語は、古フランス語の velin から派生したもので、仔牛 (calf) の肉を意味する veal の元となった語 veel とも関連している。このことからも、vellum が上質の羊皮紙というよりも、仔牛の皮紙だったことがわかるだろう。

　その獣皮紙の作り方だが、まずは動物の皮を肉から剥がし、不要な毛や脂身を取り除く必要がある。身近なものでは「鶏皮」を想像してもらえればよいだろうか。ただし、鶏皮は面積が小さく、油分が多いので、恐らく獣皮紙には不向きである。つぎに、剥がした皮を乾燥させる

羊皮紙の作成

必要があるが、そのまま乾燥させたのでは、しわくちゃの状態になり、使い物

にならない。そこで、木枠に張り付け、全体を引っ張った状態で乾燥させる。その乾燥させた皮を削り、適当な薄さにしていく。その際、余計な油分も削りとっておく。この段階で、皮に文字を書くことは可能であるが、全体の形状が「動物」のままなので、書物とするためには、不要な部分を切り落とし、大きさを整えて、完成である。［前ページの写真は、羊皮紙工房（http://www.youhishi.com/）主宰である八木健治氏の羊皮紙作成ワークショップで撮影したものである。写真の木枠や皮などは全て八木氏が作成・準備されたものである。］

　これで「用紙」が完成したので、次は「筆記具」の作成である。筆記具にはガチョウなどの鳥の羽根が用いられた。鳥の羽根は左右で曲がり方が異なるので、右利き用と左利き用で使い分けられていた。獣皮紙に比べれば、羽根ペン (quill) の作成は比較的容易である。羽根の軸の中身を空洞にし、先端を平らにして、中央に切り込みを入れるだけである。このように羽根ペンを制作するために用いられる小刀を penknife とよんでいる。先端に切り込みを入れることで、力を入れれば、先端が割れ、太い線を引くことができる。

　また、羽軸の両側にある羽弁は、映画などでは羽軸についたまま使用している場面があるが、実用的には邪魔になるだけなので、実際はすべて取り除き、羽軸のみで使用していたようである。ただし、羽軸を握った際に手に触れない先端部分のみ残すことはあったようである。

　書くための準備が長くなったが、これで、聖書を書き写せる状態となった。上記のようにして、制作した獣皮紙に書く文字についてもみておこう。石碑や木片では直線的な文字が用いられていたが、獣皮紙とペンを用いることで、曲線を含む比較的小さな文字

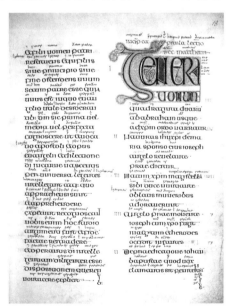

島嶼ハーフ・アンシャル体
(British Library, Cotton MS Nero D iv, f.19r https://www.bl.uk/collection-items/indisfarne-gospels)

を書くことができるようになった。その際採用した書体はアンシャル体 (uncial script) とよばれ、高さが1インチであることに由来する。このようにしてブリテン島に持ち込まれた文字がラテン文字 (Latin alphabet) である。

6.2. 南回りによる伝来

　北からのキリスト教伝来に対し、南からのキリスト教伝来は、597年ローマから修道士の一団がケントにやってきたことから始まる。この派遣を指示したのは、当時のローマ教皇グレゴリウス1世 (Gregorius I) である。ゴレゴリウス1世は、ベネディクト派修道士のアウグスティヌス (St. Augustine) の伝道団を派遣した。574年頃、ケント国王のエゼルベルト (Ethelbert) は、パリ王カリベルト1世 (Charibert I) の娘であるベルタ (Bertha) を妃に迎えていた。ベルタはキリスト教を信仰し続けており、エゼルベルトとの結婚は、ベルタの宗教慣習を保つことが条件であった。そのため、ケントの国王エゼルベルトはキリスト教を受け入れた。彼は、アングロ・サクソン人で初めて、キリスト教に改宗した王である。グレゴリウス1世は、ローマ時代にケントの中心地であったカンタベリー (Canterbury) をキリスト教管区の大司教座とすることにし、各地に修道院が建設された。国王がキリスト教に改宗した結果、国民の多くも同様にキリスト教に改宗した。601年、カンタベリーの初代大司教 (Archibishop) にアウグスティヌスが任じられた。12世紀には、この地にカンタベリー大聖堂 (Canterbury Cathedral) が建設された。

カンタベリー大聖堂

カンタベリー大聖堂 (Canterbury Cathedral) への行き方
ロンドンのセント・パンクラスか駅らカンタベリー西駅 (Canterbury West Station) まで1時間ほどである。駅からは徒歩で約15分で大聖堂に到着する。
Canterbury Cathedral
　　Cathedral House, 11 The Precincts, Canterbury, CT1 2EH

6. キリスト教の伝来

　ケントから離れたノーサンブリアの王エドウィン (Edwin) は、ケント王エゼルベルトの娘エゼルブルガ (Ethelburga) との結婚を求めた。これに対し、エゼルブルガの兄弟エアドバルド (Eadbald) は、当時まだキリスト教に改宗していなかったエドウィンとの婚姻は、信仰と秘跡が汚されるとの理由で、エゼルブルガとの結婚に反対し

ヨーク大聖堂

た。そこで、エドウィンは自分自身がキリスト教徒になることを示唆し、エゼルブルガと結婚した。王に従いキリスト教徒になった家臣もいたが、自分たちが信じていたゲルマンの神々を捨て去ることができなかったノーサンブリアの人々もいただろう。しかしながら、最終的には、ノーサンブリア王の決定に従い、広く伝道が進められ、王国がキリスト教に改宗された。

　また735年、エグベルト (Ecgbert) は、南部のカンタベリーに対し、北部における信仰の中心として、ヨークに大司教座を設置し、自らヨーク大司教となった。これにより、カンタベリーとヨークは、イングランドにおけるキリスト教伝道の2大中心都市となった。このようにして、597年、ケントにキリスト教の伝道団が上陸してから、およそ130年の間で、アングロ・サクソン七王国すべてをキリスト教に改宗した。ヨークには、14世紀にヨーク大聖堂 (York Minster) が建立された。

ヨーク大聖堂 (York Minster) への行き方
ロンドンのキングズ・クロス駅からヨーク (York) 駅まで2時間ほどである。駅からは約15分で大聖堂に到着する。
York Minster
　　　　Deangate, York, YO1 7HH

6.3. ウィトビー教会会議
　イングランドにキリスト教が普及するにつれ、復活祭の日程をめぐる論争

ウィトビー修道院

が生じた。ノーサンブリアは、アイオナ島から伝道した、北のケルト・キリスト教を受け入れていたが、ケント出身のエゼルブルガとの婚姻のため、南からのローマ・キリスト教も同じく受け入れていた。ノーサンブリア王オズウィ (Oswy) の時代、キリスト教における、ローマ人の暦とケルト人の暦は一致しておらず、復活祭の日付の算定方法が異なっていた。そのため、一方で「枝の主日」(Palm Sunday) を祝っている時に、他方で「復活祭」(Easter) を祝うことになっていた。枝の主日とは復活祭の1週間前の日曜日であり、復活祭は春分の日の後にくる最初の満月の次の日曜日である。

　このように「復活祭の日程」に関する問題を解決するため、664年、ウィトビー修道院 (Whitby Abbey) で、ウィトビー教会会議 (Synod of Whitby) が開催された。ノーサンブリアでは、本来、ケルト・キリスト教の影響が強かったが、教会会議において、ローマ・キリスト教を採用するという決断がなされた。復活祭は教会暦の要であり、復活祭の日程が他の教会典礼の日程を決定するのに必要であった。上記の決断は、オズウィが自分の権力を使い、イングランド全域をローマ・キリスト教式の復活祭に従わせることを宣言したことになる。その後8世紀中に、この結論はイングランド諸王国に広まった。同様に、ウェールズ・スコットランドを含むブリテン島の教会やアイルランドの教会にも受け入れられた。その結果、ブリテン諸島のキリスト教が、ローマ・キリスト教式により統一されたことになる。

ウィトビー修道院 (Whitby Abbey) への行き方

ロンドンのキングズ・クロス駅から列車でヨーク (York) 駅まで約2時間。ヨーク駅からはコーチ（長距離バス）に乗り、ウィトビーのバス停まで、さらに2時間。バス停から徒歩で約15分で修道院に到着する。

Whitby Abbey
Abbey Lane, Whitby, North Yorkshire, YO22 4JT

7. ヴァイキング（デーン人）による襲撃

アングロ・サクソン人がブリテン島にやってきて、しばらくは平穏に暮らしていたが、自分たちが侵略したのと同じように、今後は侵略される側にまわることになる。ブリテン島の北東に位置するスカンディナヴィアからヴァイキングがやってきたのだ。この点については『アングロ・サクソン年代記』に次のように書かれている。

> Ann. dccxciii. Her pæron reðe forebecna cumene ofer norðhymbra land. and þæt folc earmlic breʒdon þæt pæron ormete þodenas and liʒrescas.
>
> (*The Anglo-Saxon Chronicle*, AD793)

>「793年、この年、恐ろしい前兆が海を越え、ノーサンブリアの地にやってきた。その前兆は、痛ましいほど、人々を怯えさせた。それは、驚くほど多くの雷と竜巻であった。」

> 'Year 793. Here were dreadful forewarnings come over the land of Northumbria, and woefully terrified the people: these were amazing sheets of lightning and whirlwinds'

ヴァイキングの船は舳先に龍が彫り込まれていた。激しい嵐が到来し、暗雲立ち込める暗闇から現れた舳先の龍は、決して作り物ではなく、本物の龍に見えたに違いない。「ヴァイキング」(Viking) という名称は、民族名ではなく、「入り江 (vik) に住む人々 (-ing)」という意味である。スカンディナヴィア地域の北部に暮らしていた「ノース・ヴァイキング」(Norse Viking) と、南部に暮らしていた「デーン・ヴァイキング」(Danish Viking)とに大別することができる。イングランドを襲撃したグループは、主に後者の「デーン・ヴァイキング」である。ノース・ヴァイキングも含まれていたが、ノース・ヴァイキングとデーン・

ヴァイキング・シップ

ヴァイキングの総称として、単にヴァイキングとよぶか、デーン人 (Danes) とよぶことが多い。ノース・ヴァイキングはノース人 (Norse) とよぶこともある。

当時のイングランド王アルフレッド大王は、デーン人の軍隊をテムズ川の北側に追いやることに成功したが、デーン人に征服された地域もある。デーン人が征服した地域では、傀儡政権をたて、後には自らも権威を継承した。歴史書によれ

ヴァイキングの移動

ば、デーン人は、ノーサンブリアから始まり、マーシアとイースト・アングリアをアングロ・サクソン人と分有していくことで、イングランド北東部に定住していった。実際、彼らがイングランド北東部を中心に定住したことは、地名から確認することができる。

最も知られているのは、-by という語尾である。これは「農場」「町」という意味が起源である。ダービー (Derby) やソーンビー (Thornby) などがある。教会会議が開かれたウィトビー (Whitby) も、その1つである。また現代英語には「村の法律、条例」を意味する bylaw という語に残っている。この語は、本来語の by と混同されて「付則、内規」という意味でも用いられる。その他、アルソープ (Althorp) やスカンソープ (Scunthorpe) にみられる「村」を意味する -thorp、ミックルスウェイト (Micklethwaite) にみられる「土地」を意味する -thwaite、ブラックトフト (Blacktoft) にみられる「家屋敷」を意味する -toft、ボロウデイル (Borrowdale) にみられる「谷」を意味する -dale がある。

7. ヴァイキング（デーン人）による襲撃

　ヴァイキングの影響を強く受けた、イングランド北部の町ヨークには、-gate で終わる通りの名称が多い。ミックルゲイト (Micklegate) やグッドラムゲイト (Goodramgate)、フィッシャーゲイト (Fishergate) などがある。この -gate も古ノルド語起源の語で「通り」を意味する。この語は、遠く離れたフィンランドでも通りの名称に用いられている。キルッコカツ (Kirkkokatu) やカイヴォカツ (Kaivokatu) の -katu がそうである。このことは、ヴァイキングの勢力が当時広範囲に渡っていたことを示している。

　ヴァイキングの言語である古ノルド語の影響は、地名だけではない。日常使用する語彙にも影響を及ぼしている。call, fellow, haven, law, seem, take などがある。take に対する本来語として niman があったが、take との競合により、英語からは廃れてしまう。niman は、同じ西ゲルマン語群に属しているドイツ語の nehmen と同語源である。husband, sister, egg, skin も、古ノルド語起源の借用語である。こうした語は、英語の本来語との競合に勝利し、本来語を排除した語である。同じように、英語に借用され、本来語と競合しながら、その両者が共存した例もある。ただし、完全に同じ意味をもつ語が2つ（以上）、同じ言語内に存在するのは、言語の経済性からは望ましくない。したがって、何らかの方法で、意味や用法の分化が起こる。たとえば、元々は「短い衣類」を意味した本来語の shirt と借用語の skirt が、一方は「上半身」に着るもの（シャツ）を、他方は「下半身」に履くもの（スカート）を、それぞれ表すようになる。

　ヴァイキングの侵攻先はイングランドだけではなかった。スコットランドや西の島アイルランド島、アイルランド島とブリテン島の間にあるマン島、ブリテン島の北部にある、オークニー諸島やシェットランド島、さらにはアイスランド島にまでおよんだ。その中でも重要なのは、フランスに侵攻したグループである。彼らは、10世紀の初め、セーヌ川河口近辺に定住し、ノルマンディ地方の礎を築いた共同体である。このノルマン人は、故郷の言葉を捨て、定住先の言葉であるフランス語を話すようになり、キリスト教を受け入れた。後述するように、11世紀には、自分たちの祖先と同じように、イングランドへの侵攻を試みることになる。ノルマンディの西側にはブルターニュがある。こちらは、イングランドから追い出されたケルト人が定住した地域である。

8. アルフレッド大王

　イングランド・英国において「大王」とよばれているアングロ・サクソン人の王はアルフレッド大王の1人しかいない（ただし、1016年から1042年までイングランドを支配したデーン王朝には「大王」がつけられたデーン人のクヌート大王 (Cnut the Great) がいる）。この節では、そのアルフレッド大王が行った偉業についてみることにする。

　449年、ゲルマンの3部族がブリテン島にやってきた後、7つの国を建国する。この7つの国をまとめて、アングロ・サクソン七王国 (Anglo-Saxon Heptarchy) とよぶ。その後、覇権は南部のウェセックスへと移り、839年ウェセックスの王エグバート (Egbert) がイングランドを統一する。このエグバードの孫にあたるのがアルフレッドである。アルフレッドは文武両道の王であった。武力により外敵を追いやる一方、衰退していた学問の再興にも力を入れた。彼の尽力がなければ、「英語」そのものが存続しておらず、イングランドも歴史から姿を消していたかもしれない。

　武力による偉業は、ブリテン島の北方からの侵略者であるデーン人 (Danes) あるいはヴァイキング (Vikings) をくい止め、イングランド北東部に追いやったことである。ただし、871年と875年には、デーン人に銀を支払い、ウェセックスからデーン人を立ち去らせた。「一時的な平和」を金で手に入れたことになる。この行為は、後の王エゼルレッド2世のデーンゲルドによる政策と、なんら変わりはなかった。大きな違いは、アルフレッド大王は、手に入れた「平和」の間に、家来がデーン人に対抗できる体制を整え、強化できた点である。これにより、アルフレッド大王は、デーン人に再戦する機会を待つことになる。アルフレッド大王は、その後、878年、デーン人との再戦を果たし、巧みな交渉術を駆使し、完全なる勝利を収めた。

　886年、アルフレッド大王は、デーン人の指揮官グスルム (Guthrum) と協定を結ぶこととなる。この締結された協定は「ウェドモア協定」(The Treaty of Wedmore) とよばれている。アルフレッド大王は、デーン人の軍勢に勝利したとはいえ、デーン人を排除できない状況でもあった。そこで、イングランドの国土は、アルフレッド大王のいるウェセックスとマーシア西部を含む南西部

8. アルフレッド大王

と、ノーサンブリアとマーシア東部を含む北東部とに分断され、デーン人はイングランド北東部に定住することとなる。デーン人が定住した地域は、デーン人の法律が及ぶ地域となったので、「デーン・ロー」(Danelaw) 地域とよばれている。この law という語はデーン人からの贈り物であった。デーンロー地域とアングロ・サクソン人の居住地は、北西のチェスター (Chester) と南東のロンドン (London) を結ぶ境界線で区切られていた。

また、グスルムとその配下の者たちは、ウェドモア協定の条件として、洗礼を受けることとなった。これは、アルフレッド大王とグスルムとの間で、お互いの利害関係が一致したからだろう。グスルムを含むデーン人は、イングランドに留まるためには、定住地であるイングランドで信仰されているキリスト教に改宗する必要があると考えた。異教徒であったとはいえ、デーン人がキリスト教を受け入れるのは、それほど困難を伴わなかったと思われる。一方、アルフレッド大王は、敬虔なキリスト教信者であり、後述するように、ラテン語で書かれたキリスト教関連の書物を多数、英語に翻訳し、ラテン語が読めないものであっても、キリスト教の教えに触れられるようにしたほどである。

デーン人によって、北東部にあったリンディスファーン修道院を始めとした修道院は襲撃を受け、神に捧げられた貴金属は奪われ、当時の書物は彼らにとっては無価値なものであったため、焼き払われた。その結果、イングランドでの学問は衰退していくが、それをくい止めたのもアルフレッド大王である。彼は、ラテン語で書かれていた書物を英語に翻訳し、さらには英語で歴史書の編纂を行なった。その歴史書は『アングロ・サクソン年代記』(The Anglo-Saxon Chronicle) である。このような書物が書かれ、後世まで残っているので、当時の様子を伺い知ることができるのである。キリスト生誕以降、王位継承など、イングランドの主要な出来事が年代順に記述されている。この年代記の写本は主要な修道院に送られており、それぞれの修道院で書き継がれていた。中でも、ノルマン人によるイングランド征服以降1154年まで書き続けられた写本は、書かれていた修道院名から、『ピーターバラ年代記』(The Peterborough Chronicle) とよばれている。

> ### ピーターバラ大聖堂 (Peterborough Cathedral) への行き方
> ロンドンのキングズ・クロス駅からピーターバラ (Peterborough) 駅まで1時間ほどである。駅からは約15分で大聖堂に到着する。
> **Peterborough Cathedral**
> Cathedral Office, Minster Precincts, Peterborough, PE1 1XS

　文化復興の政策として、アルフレッド大王が英語に翻訳したラテン語の書物には、グレゴリウス1世による『牧者の心得』(*Pastral Care*)、ボエティウスによる『哲学の慰め』(*Consolation of Philosophy*)、アウグスティヌスによる『独白』(*Soliloquies*) がある。また『旧約聖書』の「詩篇」50篇までを訳した『散文詩編』(*Paris Psalter*) がある。さらに、ノーサンブリアの神学者であった尊師ビード (Venerable Bede) がラテン語で記した『英国民教会史』を英語に翻訳したともいわれているが、実際はマーシア方言に翻訳されたものをウェスト・サクソン方言に書き直したものである。この『英国民教会史』のほか、オロシウスの『異教徒に対する歴史』(*A History against the Pagans*)、グレゴリウス1世の『対話』(*Dialogues*) が教育改革を推進するために翻訳されたものである。

　このような、アルフレッド大王による文化復興政策や教育改革によるラテン語からの英語翻訳が行われていなければ、当時の英語について知ることは難しくなっていただろう。さらに、アルフレッド大王は翻訳にウェスト・サクソン方言を使用したが、アルフレッド大王以前に書かれた散文では、マーシア方言で書かれた作品が数編残っているのみである。これは、内陸国であったマーシアは、デーン人の襲撃の影響をあまり受けなかったからだといわれている。デーン人の襲撃が最も顕著だったノーサンブリアとは対照的である。

　彼らにとっての母語である英語への翻訳や、英語で書物を記すということは、現代ではいたって普通のことだと思うかもしれない。しかしながら、中世ヨーロッパにおいて、宗教や学問、書物の言語は「ラテン語」であり、日常使用している言語はラテン語に比べれば例外なく卑俗な言語と考えられていた。そのため日常使用する言語で書物を記すことは極めて希な行為であり、その点で、アルフレッドは先駆的であったといえるだろう。その背景には、イングランドの地理的要因が関与していると考えられている。ブリテン島は、一時は

8. アルフレッド大王

ローマ帝国の属領であったとはいえ、ヨーロッパ大陸からはドーバー海峡 (the Dover) によって地理的に隔離されている。そのため、中世ヨーロッパの共通語 (lingua franca) だったラテン語で書物を記すという行為が浸透しておらず、日常の言語である英語で記すことが可能であったといわれている。また、ラテン語の英語翻訳書が必要であった背景には、イングランド出身の聖職者の多くに、ラテン語能力が欠如していた可能性も否めない。事実、アルフレッド大王は、イングランド人の学問が完全に衰えてしまったことや祈祷書を英語に訳せる人物がいないことを嘆いている。

『牧者の心得』の序文で、アルフレッド大王は、イングランド人が読むべき書物については、誰もが理解できる言語である英語に翻訳することは、自分自身が望むことである、と述べている。そのような翻訳作業は、平和な治世では、容易に実行可能であり、実際、行なっている。そのため、英語が読めるようになるまで勉強させ、さらに優秀な人がいれば、英語に加えて、ラテン語も教えるようにと、アルフレッド大王自身の政策を表明している。このような政策により、アルフレッド大王による、英語による文学の奨励と教育の振興は、当時のイングランドにおける民族意識を高めることに役立った。また、ラテン語教育にも力を入れており、優秀な人材に対する、ラテン語の教育や研究も実施された。このように学問の復興に尽力した。さらに、修道院学校も開設された。

アルフレッド大王
（ウォンテージ）

アルフレッド大王はイングランド南部ウェセックス出身の王である。上述のように偉大な王であるため、数カ所に彼の像が建てられているが、その風貌は場所により異なっている。その1つは、彼の生まれ故郷であるウォンテージ (Wantage) である。小さな町で、ロンドンから交通機関で訪れるには、いささか不便な場所にある。

ウォンテージ (Wantage) への行き方

ロンドンのパディントン駅から列車でオックスフォード (Oxford) 駅まで移動する。頻繁に走っており、所用時間は1時間ほどである。オックスフォードからウォンテージまではバスでの移動になるが、1時間に1本ほどで、所用時間は1時間ほどである。

The Vale and Downland Museum (Wontage)
19 Church St, Wantage OX12 8BL

アルフレッド大王
（ウィンチェスター）

2体目の像はウィンチェスター (Winchester) にある。おそらくこの像が最も有名なものだろう。ウィンチェスターはウェセックスの中心都市であり、学問の中心地でもあった。ウィンチェスター大聖堂 (Winchester Cathedral) があり、イングランドで製作された中で最も素晴らしいといわれている装飾聖書『ウィンチェスター聖書』が展示されている。12世紀に製作されたものである。

ウィチェスターの像には「侵略者であるデーン人をウェセックスから追い出した」と書かれたプレートが掲げられている。その記述の通り、ウィンチェスターの像は、凛々しく、勇敢な姿をしている。ただし、立派な像ではあるが、道路の中央に建てられており、回りは駐車スペースとなっているため、プレートを見たり、写真を写すのは一苦労である。

ウィンチェスター大聖堂 (Winchester Cathedral) への行き方

ウォンテージとは違い、ロンドンのウォータールー駅からウィンチェスター (Winchester) 駅まで列車1本で行ける。1時間ほどの列車の旅である。

Winchester Cathedral
The Cathedral Office, 9 The Close, Winchester, Hampshire, SO23 9LS

最後はロンドンに建てられた像である。ロンドン市内にあり、地下鉄で移動することができるが、私有地に建てられているため、近くで見ることはできない。目立たない像で、その風貌も、ウォンテージやウィンチェスターの像と

は趣きが異なり、長老風の出で立ちである。

アルフレッド大王(ロンドン)

ロンドンのアルフレッド大王像 (Alfred the Great Statue) への行き方
ロンドン地下鉄のノーザン線 (Northern Line) バラ (Borough) 駅下車。歩いて5分の距離である。
  Henry Wood Hall
    Trinity Church Square, Southwark, London, SE1

9. ノルマン人によるイングランド征服

　英語を学習する者にとって、厄介なことの1つとして、覚える単語の多さを挙げることができるだろう。一説には他のヨーロッパの言語に比べて、2倍覚えなければならないといわれている。その背景にあるのが、ノルマン人によるイングランド征服 (Norman Conquest) である。この節では、どのような経緯で、ノルマン人がイングランドにやってきたのかをみることにしよう。

9.1. ノルマン人とは

　そもそもノルマン人とはどのような民族なのだろうか。ノルマン人は元々Norseman あるいは Northman といわれており、北方の民族であった。ヨーロッパの北方、スカンディナヴィアに住み、ヴァイキングとよばれていた民族である。ブリテン島にもヴァイキング（あるいはデーン人）は侵攻してきたが、同じ頃、イングランド海峡を渡り、現在のノルマンディ地方にたどり着き、住み着いたものがいた。それがノルマン人の始まりである。彼らは故郷の言語である古ノルド語（後の北欧諸語）を捨て、定住地の言語であるフランス語を選択した。ただし、フランス語といっても、パリを中心とする洗練された生粋のフ

ランス語である中央フランス語 (Central French) とは区別され、ノルマン・フランス語 (Norman French) とよばれている。ノルマン・フランス語は、古ノルド語の要素をいくつか留めた方言であった。

シャルル3世 (Charles III) がフランスの王位に就いていた頃、セーヌ河畔には故郷を離れたヴァイキングが暮らしていた。ヴァイキングは自由に略奪行為を行っていたが、シャルル3世には、ヴァイキングに抵抗する武力はなく、また、彼らに和平金を払えるほどの資金もなかった。そこで、ヴァイキングのゲング・ロールヴ (Göngu Hrolf) に領土と「公」(Duke) という爵位を与えた。その見返りとして、ロールヴはシャルル3世の封臣となり、忠誠を誓うためにキリスト教の洗礼を受けることになった。ロールヴはラテン語でロロ (Rollo) といい、ロロの新しい公国をノルマンディアと名付けた。ロロは911年、ノルマンディ公 (Duke of Normandy) となった。

ノルマンディに残ったロロの家臣には土地が与えられた。彼らはキリスト教の洗礼を受け、支配階級となった。故郷の掟や慣行は廃止されたため、異教徒としての儀式や言語も廃れてしまった。フランス語を話す北の民「ノルマン人」の誕生である。

ノルマン人は、フランス語を話すようになったスカンディナヴィアの人々だが、使用しているフランス語は、パリを中心とした中央フランス語とは異なる「ノルマン・フランス語」であった。この方言の違いは、後に英語にも影響を与えることなる。後述するように、ノルマン人による征服後、フランス語を話す民族が支配者となった。その際、フランス語の語彙が英語に借用されることになるが、同じ意味の語でも、ノルマン・フランス語と中央フランス語の両方から借用された語もある。結果として、意味の分化・使い分けが生じ、英語で二重語 (doublet) として残ったものがある。そのような実例をいくつか表6にまとめた。

ノルマン・フランス語の語頭音 [w] と [k] は中央フランス語の [g] と [ʧ] に対応している。また、ノルマン・フランス語の語末音 [ʧ] は中央フランス語の [s] に対応している。このように、それぞれ類似した意味を表すだけでなく、一定の音韻上の対応も観察される。

表6. ノルマン・フランス語と中央フランス語

ノルマン・フランス語	中央フランス語	ノルマン・フランス語	中央フランス語
warden（管理人）	guardian（守護者）	warranty（保証(書)）	guarantee（保証書）
wage（賃金）	gage（担保）	wile（たくらみ）	guile（狡猾さ）
catch（捕まえる）	chase（追う）	cattle（畜牛）	chattel（動産）
launch（進水させる）	lance（槍で突く）	pinch（つまむ）	pincers（やっとこ）

9.2. エドワード王の死

1066年1月、イングランド王エドワードがこの世を去った。エドワードは生前、キリスト教を深く信仰し、日々祈りと懺悔を行っていたことから、エドワード証聖王（懺悔王）(Edward the Confessor) とよばれている。当時、王位は子供が継承していたが、残念ながらエドワードに子供はいなかった。そのため、エドワード王の死後、王位継承権を主張する者が3名現れた。3名の人物が王位継承に名乗りを上げたのには、それなりの理由がある。以下では、それぞれの人物が、どのような経緯で、王位継承権を主張したのかを、時代をイングランド統一の頃まで遡り、確認しておこう。

9.3. ヴァイキングとの長い戦い

829年ウェセックスの王エグバート (Egbert) により、アングロ・サクソン七王国が統一され、現代のイングランドがほぼ確立する。その後、今のノルウェーやデンマークからヴァイキングがブリテン島を侵略しにやってくるが、エグバートの孫であるアルフレッド大王がデーン人の侵略を阻止し、イングランドの北東地域に住まわせることになる（8節参照）。その後イングランドは、北東にデーン人が居住し、南西にアングロ・サクソン人が居住し、人々は平穏に暮らしていくことになると思われた。

しかしながら、899年、アルフレッド大王の息子エドワード長兄王 (Edward the Elder) が王位を継承してからも、スカンディナヴィアからの侵攻は繰り返

された。イングランド北東部にあったノーサンブリア、イースト・アングリアは、元はアングロ・サクソン人の王国であったが、エドワードの時代には、デーン人の王国となっていた。一方、イングランド中央部にあったマーシアのエゼルレッド伯 (Ealdorman Æthelred of Mercia) に、エドワード長兄王の姉にあたるエゼルフレッド (Æthelflæd) が嫁いでいる。エゼルレッド伯の死後は、このエゼルフレッドが後を継ぎ、エドワード長兄王と協力して、父アルフレッド大王の防備施設の建設を遂行した。さらに917年には、デーン人の王国となったイースト・アングリアを征服した。918年、エゼルフレッドの死後、マーシアを完全に併合した。

　エドワード長兄王の死後、息子のアゼルスタン (Æthelstan) が即位した。アゼルスタンは、ノーサンブリアの王とダブリンから加勢にきた叔父の両者を撃退した。さらに、スコットランド王やウェールズの首長らを従え、929年には公文書に「イングランド王」の称号を用いるようになる。

　アゼルスタンの死後、エドマンド1世 (Edmund I) の治世中、イングランドは再び、西方のアイルランドからの侵入と北方のスカンディナヴィアからの侵入に脅かされることになる。さらにエドマンド1世の後を継いだエアドレッド (Eadred) の時代にも、デーン・ロー地域で反乱が起こったが、イングランドの支配を揺るがすほどの脅威とはならなかった。

　エアドレッドには後継子がいなかったため、エドマンド1世の息子エドウィ (Edwy) が後を継ぎ、エドウィの死後は、弟のエドガー平和王 (Edgar the Peaceable) が後を継いだ。エドガーは973年に、バース寺院でキリスト教的な戴冠式をあげた。

　975年、エドガーの死後、エドワード殉教王 (Edward the Martyr) が即位した。エドワード殉教王は、異母弟を王位につけようとする陰謀に巻き込まれ、暗殺された。これにより、978年、エゼルレッド2世無策王 (Æthelred II the Unready) が即位した。異母兄のエドワードを暗殺した疑惑を受けながらも、王位についたエゼルレッド2世だが、この時代には、再びヴァイキングやデーン人の来襲が始まっていた。

　エゼルレッド2が即位した頃、デーン人のブリテン島への攻撃が再開され、それを防ぐための戦略が必要となった。アルフレッド大王であれば、再び撃退

したかもしれないが、エゼルレッド2世は、アルフレッド大王とは異なる戦略をとってしまう。しかも「デーンゲルド」(Danegeld) とよばれる和平金による解決という残念な方向にである。

エゼルレッド2世は、1002年にノルマンディのエマ (Emma) と結婚し、エドワードをもうけている。この結婚は、双方に利点があった。エゼルレッド2世にとっては、デーン人との戦いでノルマン人の援助を求めていた。一方、ノルマンディにとっては、隣人との戦いにウェセックスの援助を求めていた。実際、デーン人の襲撃に悩まされ、自らの支配力の衰えを感じていた、エゼルレッド2世は、妻エマの父親であるノルマンディ公リシャール1世に支援を求めた。しかしながら、リシャール1世がとった対抗策も功を奏しなかった。そこで、エゼルレッド2世は、国内デーン人の反乱の噂におびえ、特別な考えもなくデーン人の虐殺を命じた。この奇策は、デーン人の侵攻に終止符を打つどころか、却ってデーン人のさらなる侵入を引き起こす結果となった。その先頭に立ったのが、デンマーク王スヴェン1世双叉髭王 (Sweyn Forkbeard) である。彼は大部隊を率いて、イングランド東部に侵攻した。一進一退の末、1013年にスヴェンがイングランド王として認められ、スヴェンはデンマークとイングランドの王となり、ここにデーン・イングランド帝国が生まれた。一方、エゼルレッド2世は、妻の故郷であるノルマンディに、息子のエドワードともう1人の息子アルフレッドと一緒に亡命することとなった。その際、ノルマンディ公リシャール2世は、将来のイングランド王位を意識し、エゼルレッド2世の一行を厚遇したようである。

しかし、スヴェン1世の治世は極めて短命であった。翌1014年、スヴェンが急死すると、彼の帝国は2つに分断された。デンマーク王位は長子ハーラル (Harald) が継ぎ、次子カヌート (Canute) はイングランド侵入軍の首長になった。スヴェン1世の死後、エゼルレッド2世がイングランドに帰国し、反撃にでたため、カヌートは一旦デンマークに引き返すことになった。エゼルレッド2世に関わる王室系図を図1に挙げておく。

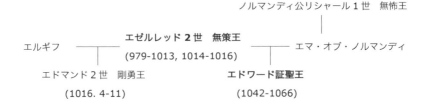

図1. イングランド王室系図（エゼルレッド2世からエドワード証聖王まで）

9.4. デーン王朝の誕生と衰退

　イングランドでは、エゼルエッド2世が病死したため、エルギフとの間に生まれたエドマンド2世剛勇王 (Edmund II the Ironside) が王位を継いだ。エドマンド2世はカヌートを一旦は窮地に追い込むが、別の戦いでは大敗を喫し、一時休戦となる。しかし、エドマンド2世の死後、1016年、カヌートがイングランドの王として即位する。カヌートはエゼルレッド2世の未亡人エマと結婚し、キリスト教を受け入れた。エマとの間には、ハーディカヌート (Hardicanute) を授かった。ハーディカヌートはエドワードの異母弟である。

　こうしてイングランドにデーン王朝が誕生した。カヌートは、統治の大枠として、イングランドを4つの伯領に分けた。ノーサンブリア、イースト・アングリア、マーシア、ウェセックスの4つである。この時代のイングランドでは、アングロ・サクソン人、デーン人、ノルマン人がやや複雑に関係しているので、図2の王室系図で確認しておこう。

　さて、カヌートにより、イングランドにはデーン王朝が開かれたが、カヌートの死後、後継者問題が浮上する。カヌートは、ハーディカヌートを後継者に考えていたが、折悪く、デンマークにいたハーディカヌートはノルウェー王の侵入に対抗すべく、イングランドに向かうことができなかった。そのため、先妻の子ハロルド1世兎足王 (Harold I Harefoot) が即位した。彼は継母のエマをイングランドから追放した。ハロルド1世の死後、1040年にハーディカヌートが即位した。彼は共同統治を望んだため、ノルマンディから異母兄のエドワードをよび寄せた。王位を継いだハーディカヌートは重税を課したため、国民からの不満が高まる中、1042年急死した。短命な治世であった。

9. ノルマン人によるイングランド征服

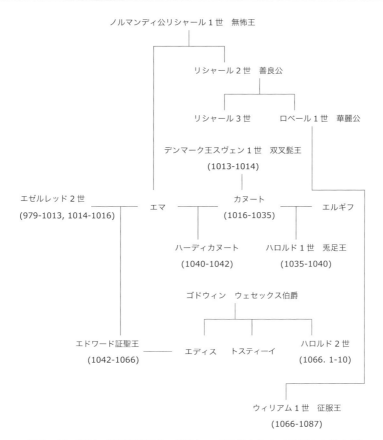

図2. イングランド王室系図（エゼルレッド2世からウイリアム1世まで）

　ハーディカヌートにも先王ハロルド1世にも後継子がいなかったため、王位継承者としてハーディカヌートの異母兄であるエドワードの名が浮上する。エドワードはノルマンディで育ち、ノルマンディの教育を受けた人物である。そのため、ノルマン人の血が半分流れているが、残り半分にアングロ・サクソン人の血が流れていることから、彼の即位に反対する貴族はなく、1042年エドワードがイングランド王に即位する。アングロ・サクソン王朝の復興である。

9.5. 王位継承者問題

　イングランド王に即位したエドワード証聖王 (Edward the Confessor) は、ノルマンディでの生活が長かったため、デーン・イングランド帝国の王であったカヌートよりも「外国人」だったといえる。ノルマンディの慣習を尊重し、英語ではなくノルマン・フランス語で話した。このことに不満を抱く貴族も少なからず存在した。そのような不満分子の先頭に立っていたのがウェセックス伯ゴドウィン (Godwin, Earl of Wessex) であった。カヌート以来、イングランドは4つ（前後）の伯領に分割され、統治されていた。その中で最も地位の高かったのがウェセックス伯であった。そのウェセックス伯ゴドウィンは娘のエディス (Edith) をイングランド王エドワードと結婚させた。

　一方、デーン・イングランド帝国の王カヌートがこの世を去った1035年、ノルマンディではロベール1世華麗公 (Robert I the Magnificent) が他界し、息子のギョーム2世 (Guillaume II) が後を継ぎ、ノルマンディ公となった。アングロ・サクソン王朝のエドワードはギョーム2世の祖父の甥にあたり、ギョーム2世にとっても遠縁にあたる。そのエドワードは長年ノルマンディに住んでいたので、エドワードの後継者、つまり次期イングランド王は当然自分だとギョーム2世は考えていた。また、ハロルド・ゴドウィンソン (Harold Godwinson) がノルマンディの海岸に漂着し、捕虜となってギョームに引き渡された際、ギョームはハロルド・ゴドウィンソンにイングランド王位請求権を承認する誓約を取り付けたといわれている。この事件は年代記には記されていないが、後述する「バイユーのタペストリ」には、その詳細が描かれている。

　1066年1月5日、エドワードがこの世を去ると、王位継承問題が生じた。中世の君主にとって、最も重要なことの1つは嫡出の男子をもうけることであった。これに関して有名なのはヘンリー8世 (Henry VIII) であろう。彼は王妃キャサリンとの間に男子後継者が生まれなかったので、その侍女アン・ブーリンとの婚姻を望むも、離婚を許可しなかったカトリック教会からの離脱を宣言し、国王を頂点とするイギリス国教会を樹立した。しかしながら、アン・ブーリンとの間にも男子後継者は生まれず、結果として生涯6名の妻をもつことになった。3番目の妻との間には、エドワード6世 (Edward VI) が誕生しており、ヘンリー8世の死後、王位を継いでいる。

9. ノルマン人によるイングランド征服

アングロ・サクソン王朝のエドワードには嗣子がいなかったため、最も適格な王位継承者は、エドマンド2世の息子エドワード王子 (Edward Atheling) であった。血筋では彼が最有力候補であったが、エドワード証聖王の死を待たずに、この世を去った。次の候補者は、エドワードの息子エドガ王子 (Edgar Atheling) であったが、彼はまだ幼児だったため、候補からは外された。このように王位継承者の選出が難航する中、王位継承の候補者として3名が名乗りを上げた。ウェセックス伯ハロルド2世 (Harold II) とノルマンディ公ギョーム2世、そしてノルウェー王ハーラル苛烈王 (Harald III Hardrada) である。

9.6. ノルマン王朝の成立

エドワード証聖王の後継者3名が揃ったので、それぞれの王位継承権を主張する理由をまとめておこう。

ハロルド2世	エドワード証聖王の妻エディスの兄弟（義理の兄弟）
ギョーム2世	エドワード証聖王の母親の遠縁
ハーラル3世	エドワード証聖王の妻エディスの兄弟（トスティーイ）を支援 カヌート大王が支配したデンマークとイングランドの侵略を模索

エドワード証聖王の死後、王妃エディスの兄弟であったウェセックス伯ハロルド2世が手を挙げた。先述の通り、ウェセックス伯はイングランド最大の貴族であり、彼は資質と能力を十分備えていると判断されていた。他の候補者とは違い、イングランドに居住していた利点を生かし、ハロルド2世はエドワード証聖王の埋葬の翌日、賢人会議の承認を得て、エドワードが建立したウェストミンスター寺院 (Westminster Abbey) で戴冠式を行った。ウェストミンスター寺院にはエドワード証聖王も埋葬されている。

ウエストミンスター寺院

> ### ウェストミンスター寺院 (Westminster Abbey) への行き方
>
> ロンドン地下鉄のジュビリー線 (Jubilee Line) もしくはサークル＆ディストリクト線 (Circle & District Line) ウェストミンスター (Westminster) 駅下車。歩いて5分の距離である。
>
> **Westminster Abbey**
> 　The Chapter Office, 20 Dean's Yard, London, SW1P 3PA
>
> ロンドンにはウェストミンスター大聖堂 (Westminster Cathedral) もあるが、こちらはカトリクの教会である。一方のウェストミンスター寺院はイギリス国教会の教会である。ウェストミンスター大聖堂には、ロンドン地下鉄のヴィクトリア線 (Victoria Line) もしくはサークル＆ディストリクト線ヴィクトリア (Victoria) 駅下車。歩いて5分ほどの距離である。
>
> **Westminster Cathedral**
> 　Cathedral Clergy House, 42 Francis Street, London, SW1P 1QW

　ハロルド2世の弟でノーサンブリア伯トスティーイ (Tostig) は、自らの悪政のため、伯内で反乱が起こり、その反乱を支持した兄ハロルド2世を恨みながら、国外に亡命した。その際、ノーサンブリアは、マーシア伯モルカル (Morcar) が支配することとなった。その後、ノーサンブリアの領地回復のため、ノルウェー王ハーラル3世と同盟を結び、北イングランドに侵入した。モルカルはイングランド北部からの侵入に対して、ヨーク近郊のフルフォード (Fulford) で迎え撃った。このフルフォードの戦い (Battle of Fulford) で、トスティーイ＝ハーラル3世軍は勝利を収め、ヨークを降伏させた。

　1066年9月20日に起きたこの戦いは、以下で述べる2つの戦いに比べると、取り上げられることは少ない。しかしながら、この戦いでトスティーイ＝ハーラル3世軍が敗北を喫していたら、これ以降の戦いは起こらず、イングランドがノルマン人に征服されることもなかったかもしれない。「もしも」は歴史には存在しない。それ故、英語の歴史にとっても、重要な出来事であったといえるだろう。

　一方、イングランド北部にトスティーイ＝ハーラル3世軍が上陸したという知らせを聞いたはハロルド2世は、その軍を迎え撃つため北上した。ハロルド2世軍はフルフォードの戦いで勝利したトスティーイ＝ハーラル3世軍と9月26日、スタンフォード・ブリッジ (Stanford Birdge) で一戦を交えることとなっ

た。激戦の末、ハロルド2世軍が勝利した。これにより、イングランドは9世紀以降断続的に続いていたヴァイキングによる重圧から、このスタンフォード・ブリッジの戦い (Battle fo Stanford Bridge) で、ようやく逃れることができたのである。このことから、ハーラル3世が「最後のヴァイキング」だといわれている。

　ハロルド2世軍にとっては、ようやく勝ち得た平穏であったが、今度は南からノルマン軍が攻めてくることになる。ノルマン軍は、逆風のため出航が遅れていたが、ようやくイングランド南部の町ペヴェンジ (Pevensey) に上陸した。その後、東に向かい、ヘイスティングズ (Hastings) に築城した。ノルマン軍の上陸を聞いたハロルド2世軍は、再び南に向かい、現在バトル (Battle) という町になっている丘に布陣した。ついに、ハロルド2世軍とノルマン軍の決戦が行われた。10月14日に起こったこの戦いは一般にヘイスティングズの戦い (Battle of Hastings) をよばれるが、実際戦場となった場所には現在バトル修道院 (Battle Abbey) が建立されている。ヘイスティングズの戦いを制したのはギョーム2世であった。ウェセックスは、エドガー王子を擁して抵抗を試みたが、結果はギョーム2世に従うこととなった。

ヘイスティングズ城 (Hastings Castle) への行き方

ロンドンのチャリング・クロス駅からヘイスティングズ (Hastings) 駅まで1時間30分から1時間45分ほどである。ペヴェンジ&ウェストアンからは列車で30分ほどである。ヘイスティングズ城までは徒歩で10分ほどの距離である。

Hastings Castle & 1066 Story
Castle Hill Road, West Hill, Hastings, East Sussex, TN34 3AR

バトル修道院 (Battle Abbey) への行き方

ロンドンのチャリング・クロス駅からバトル (Battle) 駅まで1時間30分ほどである。ヘイスティングズからは列車で20分ほどである。バトル修道院までは徒歩で15分ほどの距離である。

1066 Battle of Hastings, Abbey and Battlefield
Butter Cross, High Street, Battle, East Sussex, TN33 0AD

案内板

古戦場

　エドワード証聖王の死から、長い1年であったが、1066年12月25日のクリスマスの日に、ギョーム2世はウェストミンスター寺院で戴冠式を行い、ウィリアム1世としてイングランド王に即位した。これにより、イングランドにおける支配階級の言語が、英語からフランス語（ノルマン・フランス語）へと切り替わることになる。英語の歴史にとって、このノルマン人によるイングランド征服は、最も大きな出来事だといえる。

　この一連の出来事は、「バイユーのタペストリー」(英語：Bayeux Tapestry・フランス語：Tapisserie de Bayeux) に生き生きと描かれている。「タペストリー」とよばれているが、実際は「織物」ではなく「刺繍」である。「バイユーのタペストリー」は、フランスのバイユー (Bayeux) にある小さな博物館で実物を見ることができる。高さ約50 cm、全長約70 mにもおよぶタペストリーが、回廊の中央部分に途切れることなく展示されており、見学者はその周りを音声ガイド片手に見て回るようになっている。残念ながら、撮影は禁止されている。

レディングのタペストリー

　バイユーのタペストリーの実物はフランスまで行かなければ見れないが、ほぼ完全な複製はイングランドのレディング (Reading) で見ることができる。

日本からの距離はさほど変わらないが、バイユーよりもレディングのほうが行きやすいように思う。こちらは見学者も少なく、自由に撮影可能である。

> **レディング博物館 (Reading Museum) への行き方**
> ロンドンのパディントン駅からレディング (Reading) 駅まで、列車で30分ほどの距離である。駅から博物館までは徒歩で5分ほどである。
>
> **Reading Museum**
> Blagrave Street, Reading, RG1 1QH

　イングランドがノルマン人に征服され、支配階層でフランス語が使われていたため、フランス語の語彙が約10,000語、英語に借用されたといわれている。仮に、ヘイスティングズの戦いで、ハロルド2世軍がノルマン軍に勝利していたとしたら、英語はゲルマン語の性質を強く残し、フランス語からの借用語はほとんどなく、現代のドイツ語のようになっていたかもしれない。ポール・ジェニング (Paul Jennings) という人物が雑誌 Punch に3週にわたり (1996年6月15日号、22日号、29日号)、「ヘイスティングスの戦いでの勝利」について、イングランド人がノルマン人に勝利していた場合の「英語」で執筆している。たとえば、「侵略」は invasion ではなく ingang を、「敗北」は defeat ではなく undergang を、「調査」は research ではなく seekwork を、それぞれ用いて記している。

おわりにかえて：「イチイの木」から「イノシシ」へ

　イングランド北部にヨークという町がある。ブリテン島がローマ帝国の属領だった頃には、北部の中心地として、またアングロ・サクソン人が王国を建国した際には、ノーサンブリアという王国の首都として栄えた町である。「ヨークの歴史はイングランドの歴史」といわれるほど、町中にさまざまな時代の遺跡が残っている。ヨークの町を歩けば、まさにイングランドの歴史を歩くことができる。言い得て妙な表現である。さらに、遺跡だけでなく、その名前ヨーク (York) にも、ブリテン島における民族の往来が刻まれている。

　ローマ軍によってブリテン島が支配されていた頃、その地は、エボラクム

(Eboracum) とよばれていた。この地名は「イチイの木」を意味する yew という語が起源だといわれている。その後、ローマ軍がブリテン島から撤退し、アングロ・サクソン人がやってくると、この都市の名称はエボラクムの読み違いからエヴォルウィック（Eforwic）とよばれるようになる。efor は「イノシシ」のことであり、語尾の -wic は「町」を意味するので、エヴォルウィックとは「イノシシの町」という意味である。イングランド北東部に位置したヨークは、北方民族であるデーン人（ヴァイキング）の格好の侵略地でもあった。9世紀末になると、イングランド北東部には、デーン・ロー地域としてデーン人が定住することになる。その際、エヴォルウィックはデーン人の言葉である古ノルド語に合わせて、ヨーヴィック (Jorvik) と発音されるようになる。ヨークには「ヨーヴィック・ヴァイキング・センター」(Jorvik Viking Centre) という博物館がある。この名称はヨークの古称にちなんだものである。その後13世紀頃には現在のヨーク (York) が用いられるようになる。

参考文献

　本書を執筆するために多くの専門書や一般書を参照したが、本書の位置付けを考慮し、本文中で言及することは、一部の例外を除き、控えることとした。特に参照した文献は以下のものである。また、英語の歴史に関心をもった読者のために、比較的手軽に読める文献を文献案内として挙げた。

青山吉信（編）(1991)『イギリス史1−先史〜中世』山川出版社.
森護 (1992)『ユニオン・ジャック物語—英国旗ができるまで』中公新書.
横田由美 (2012)『ヴァイキングのイングランド定住−その歴史と英語への影響』現代図書.
鶴島博和（日本語版監修）(2009–2012)『オックスフォード・ブリテン諸島の歴史』全11巻，慶應義塾大学出版会.（原著監修：ポール・ラングフォード）
ノーマン・デイヴィス（別宮貞徳訳）(2006)『アイルズ：西の島の歴史』共同通信社.
メルヴィン・ブラッグ（三川基好訳）(2008)『英語の冒険』講談社学術文庫.
ラーシュ・マーグナル・エーノクセン（荒川明久訳）(2012)『ルーンの教科書：ルーン文字の世界　歴史・意味・解釈』国際語学社.
レイ・ページ（菅原邦城訳）(1996)『ルーン文字』學藝書林.
Dinwiddie, John L. (2014) *The Ruthwell Cross and the Ruthwell Savings Bank*. 10th ed. Dumfries & Galloway, Solway Print.
Jones, Duncan (2009) *A Wee Guide to the Picts*. rev. ed. Goblinshead, Musselburgh.
Matthews, Rupert (2010) *Wales: A Very Peculiar History with NO Added Laverbread*. Brighton, Salariya Book Company.
Plowright, Sweyn (2006) *The Rune Primer: A Down-to-Earth Guide to the Runes*. 2nd ed. Morrisville, Lulu.

文献案内

唐澤一友 (2011)『英語のルーツ』春風社.
唐澤一友 (2016)『世界の英語ができるまで』亜紀書房.
寺澤盾 (2008)『英語の歴史—過去から未来への物語』中公新書.
中尾俊夫 (1989)『英語の歴史』講談社現代新書.
堀田隆一 (2011)『英語史で解きほぐす英語の誤解—納得して英語を学ぶために』中央大学出版部.
渡部昇一 (2001)『講談・英語の歴史』PHP新書.

柳　朋宏（やなぎ　ともひろ）
名古屋大学大学院文学研究科博士課程後期課程修了。博士（文学）。英国ヨーク大学客員研究員（2009-2010）、米国オハイオ大学派遣客員教授（2018）。現在、中部大学人文学部英語英米文化学科教授。専門は英語史的統語論、生成文法、コーパス言語学、形態統語論。

（主要業績）
"Intermittence of Short-distance Cliticization in QPs: A Case Study of Language Change from the North," *Language Contact and Variation in the History of English*, ed. by M. Uchida et al. (Kaitakusha, 2017), "Ditransitive Alternation and Theme Passivization in Old English," *Outposts of Historical Corpus Linguistics: From the Helsinki Corpus to a Proliferation of Resources*, ed. by J. Tyrkkö et al. (VARIENG, 2012), "On the Position of the OE Quantifier *Eall* and PDE *All*," *English Historical Linguistics 2006*, Vol. 1, ed. by M. Gotti et al. (John Benjamins, 2008) など

中部大学ブックシリーズ　Acta 30

英語の歴史をたどる旅

2019 年 3 月 20 日　第 1 刷発行

定　価　（本体 800 円＋税）

著　者　柳　朋宏

発行所　中部大学
　　　　〒 487-8501　愛知県春日井市松本町 1200
　　　　電　話　0568-51-1111
　　　　ＦＡＸ　0568-51-1141

発　売　風媒社
　　　　〒 460-0011 名古屋市中区大須 1-16-29
　　　　電　話　052-218-7808
　　　　ＦＡＸ　052-218-7709

ISBN978-4-8331-4139-0